佳川奈未の霊界通信2☆ハッピーバージョン

幸運を呼び込む☆「座敷わらし」の置きみやげ♪

Nami Yoshikawa
佳川奈未

ビジネス社

興味あふれる「まえがき」

不思議は続くよ、どこまでも☆あちらとこちらがつながっている限り！

「目に見えない世界」から贈られた、
幸せと豊かさを、あなたにも♪

あれから、1年経ちました。そう、前作、『佳川奈未の霊界通信☆――「目に見えない世界」と正しくつきあい、幸運になる秘密』が、出てから♪

そして、今回は、『霊界通信2』☆ハッピーバージョン♪　として、またまた、わたし自身が本当に体験した、摩訶不思議な小さな〝福の神〟のことについて、お伝えしようというわけです。

その、小さな〝福の神〟とは、ズバリ、〝座敷わらしちゃん〟のことです！

知らない人のためにお伝えしておきますと、「座敷わらし」とは、純粋無垢な、小さな子どもの霊です。

それは、神が宿るものであり、いや、神が守護する存在であり、ある意味、神そのものです！

それゆえ、**こちらもまた、純粋無垢な美しい心で、優しい気持ちで、座敷わらしちゃんに向き合うとき、自然に同調し、つながることもできるのです♪**

さて、座敷わらしちゃんについては、巷《ちまた》でも、なにかと騒がれることが多いものです。どこかの古民家にいるとか、とある旅館に住み着いているとか、どこどこの神社の境内にいるとか……。

そうやって、テレビでも、なにかと取り上げられ、特集されたりすることもあったりして。

そして、「それを見た！」という人の証言も、これまた、さまざまに飛び交っているものです。着物を着ているだの、黒髪のロングヘアだの、赤や緑の光だの、オーブだのと……。


しかし、言っておきましょう！

わたし自身が、実体験として視たもの（見たもの）は、決して、そんなものではありませんでした。


では、一体、どんな姿⁉


はい。それについては、詳しく本文でお伝えするわけですが。

ここで先に話しておきたいことは、なんと！　わたしはそれを見ただけでなく、秘書とともに不思議な体験をしたということであり、家に連れて帰ってきたということであり、息子たちもまた、それがわが家で遊ぶ姿を見た‼　ということです！

まぁ〜、なんとも不思議な〝神がかった世界〟に連れていかれたということです！

また、その姿がどんなものであったかよりも、もっと、驚いたことは、けなげな可愛いわらしちゃんが抱えていた真実の物語でした。

ちなみに、わたしは、まさか、座敷わらしなるものが実在するとは、夢にも思っていませんでした。いや、自分のこれまでの体験により、霊界については信じているし、あるとわかっていますが、こと〝座敷わらし〟となると、それまで、「本当かな?」くらいにしか、思っていなかったのです。

そう、実際に、この目で見るまでは!

けれども、見てしまった以上、思いもよらぬ体験をしてしまった以上、黙ったままでいることができず、こうして書かせていただくことになったわけです。

そう、いつものように、出版社の社長に直々にそれを伝えて。

「社長、というわけで、わたくし、座敷わらしちゃんを見ましてですねぇ〜、これこれしかじか……ということが起きたんです!　それを『霊界通信2』として、世に出したいのですよ!」

「まさか!?　いや、おもしろい！　いいでしょう！　その体験、ぜひ、お聞かせください」

とまぁ、こんな形で、今回も、本になりましたのです。


誤解のないようお伝えしておきたいことは、こういったものをお伝えするのは、「目に見えない世界」という、わたしたちの背後にある世界が、愛にあふれたものであり、それはとりもなおさずわたしたち人間を、黙って守護し、より良い方へと導いてくださる、尊いものだということを、知ってほしいからです！

また、その守護のありがたみを、大いなる恩恵を、誰もが本当はすでに受け取っていることを、心で感じ取っていただきたいからです。

それらを知るとき、純粋な気持ち、優しい気持ち、あたたかい気持ちにならずにはいられません。尊いものを敬う気持ちを持たずにはいられないものです。

そして、そこから、安心して生きていける自分がいるのを、感じることもできるでしょう。

「目に見えない世界」にふれることで、日常にある自分の背後、自分を守護する者、自分を助けてくれている者に、少しでも心をはせ、思いやり、感謝するとき、あなたはより大きな愛と幸せと安堵《あんど》に包まれ、いつ、どこにいても、しっかり守られることになります！

というわけで、その興味津々、かつ、肝心なことのすべてを、さっそく本文に入って、お伝えしましょう。

きっと、共鳴してくださった純粋無垢な美しい心を持つあなたにも、小さな〝福の神〟の、とんでもなく大きな〝恩恵〟が、やって来ることでしょう♪

ミラクルハッピー　佳川《よしかわ》　奈未《なみ》

2024年　6月

もくじ

Chapter 1

不思議な出逢い☆座敷わらしのいる世界
――それは、とっても可愛い♪
目のまえに現れた〝真実の姿〟とは⁉

もくじ

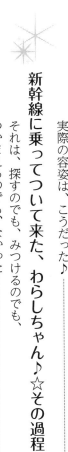

Chapter 2

幸運を呼び込む☆座敷わらしの置きみやげ♪

——小さなピュアな存在が与えてくれた、大きな愛と感謝に満ちた宝物

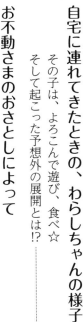

もくじ

Chapter 3

福の神を招く☆ピュアで高貴なパワーにふれる
——あなたがそれを心から大切に思うほど、真心は通じ、奇跡は起こる♪

もくじ

Chapter 4

恩恵を受け取る☆
それは、ただ、与えられてしまう♪
――あなたはいつも愛され、守られている☆
そして、幸せに満たされていく

もくじ

Chapter 1

不思議な出逢い☆座敷わらしのいる世界

それは、とっても可愛い♪
目のまえに現れた“真実の姿”とは!?

ある日、思いもよらぬ幸運の偶然〝シンクロ現象〟へ☆その導かれ方

その出来事は、偶然!?
いや、いま思えば、必然以外ありません♪

それは、わたしが尊敬する京都のとある先生のところに遊びに行ったときのことです。その先生とは、前作『佳川奈未の霊界通信』で登場した、あの、亡くなったわたしの担当者の霊を救った、本物の視るお力、霊を救うお力を持つお方。

おいしいお茶とお菓子で談話したあと、ぼちぼち帰ろうとしたとき、ポツリと先生が、わたしにこうおっしゃったのです。

「あっ、そうそう、なみ先生、あそこに行ったことあります？」

「あそこって!?」

「あの、座敷わらしが出る、〇〇神社に」

（※神社さまにご迷惑がかかるといけないので、あえて、ここでは、神社名はふせさせていただきます）

「いいえ、行ったことないです」

「いや、とにかくね……すごいことが起きたんですよ……僕に……。きっと、なみ先生なら、それがわかるはずです。一度、おまいりなされてもいいかもしれません……」


そう話して、先生は、車に乗り込み、駅までわたしを送ってくれたのです。

帰宅する新幹線の中で、そのことが気になって気になって仕方なかったわたしは、帰宅すると真っ先にパソコンをひらき、その神社のサイトへ。


すると、それは、本当に、いた！　わたしには、はっきり視えた！

それは、確かにそこにいて、それを見た瞬間、「会いたい！　行かなくては!!」という気持ちになったのです。

誤解のないように言っておきたいことは、わたしは単なる怖いもの見たさではなく、〝真実はどうなのか〟という、本当のことを知りたい!! という、純粋な気持ちで行くことにしたということです。

というのも、わたしがインターネットでその神社と座敷わらしに関することを調べていく中で、あろうことか、まったくそうではないものが、まるでそれであるかのように掲載されていて……自分の視たそれとは、かなり大きな食い違いがあったからです。

とにかく、インターネット上には、さまざまな写真があり、どれもが得意げに、「それは、これです！」と撮りに行ったのであろう写真に、ペンでまるく書き込みされたり、矢印がつけられたりして、それを示すものだとして掲載したものがたくさん載っていました。

また、「これが、座敷わらしです!!」といって、神社の境内にある木や灯籠《とうろう》の写真に写っている緑色の光や、赤い光を、マジックでかこんでいるものもありました。が、まったくそうではありませんでした。

そう、わたしがその神社のサイトの中で、それをみたとき、それは、緑の光でも、赤い光でもなく、ましてや、木の上に写っているおかしな光でもありませんでした。

わたしがパソコンの画面越しにでも、はっきり視えたそれは、あろうことか、ふつうに地面に立っていたのでした。そう、あるものの陰に隠れるようにして！

わたしは、「ああ、やはり……巷《ちまた》に出回っているものとは違うよね……しかし、それも仕方ないのかもしれない。みんな、そういうものがいるらしいということだけしか知らず、本当の姿を誰も見たことがないのだとしたら……。

誰も本当には視たことも、見たこともないわけだから、こうなるのだろう」と。

しかし、わたしは、だからこそ、〝本当はどうなのか〟〝現場には何があるのか!?〟と、ただ、真実を知りたい一心で、現地に行くことを決めたのでした。

わたし自身、チャネリングや霊視のセッションをしているからこそ、わたしのひとつの体験として、真実を自分のこの目で確かめずにはいられなかったのです。

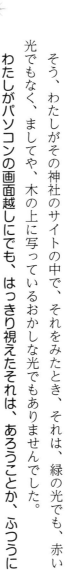

あと、もうひとつ、理由がありました。

それは、画面越しに神社のサイトから視たその座敷わらしちゃんが、「おいで♪」と、小さくつぶやいたからです！

そして、さっそく現地に行くべく、その前にと、わたしは、準備すべきものを準備することにしたのです。

いったい、わたしは、何を準備したのかって⁉

そのことについては、次の項で、お伝えしましょう。

そのためにと、まず、わたしが用意したもの

迎えるべきとき、迎えるべき準備をし、
わたしは、それを迎えることに！

とにかく、現地に行く前にと、わたしには事前に準備するべきものがありました。
それゆえ、秘書にも事の真相を話し、それを準備すべく、車で一緒に買いに行こう！
ということになったのです。

その、わたしが準備したものは、何かというと、
ズバリ、座敷わらしちゃんの遊ぶおもちゃと、お菓子！

おそらく、わらしちゃんは、わが家に来ることになるだろうと、わたしは直感していました。ほぼ、確信のように！

しかし、わが家に来たところで、子どもは、遊ぶおもちゃがないと、退屈してしまう。

そもそも、座敷わらしも、人の子であるがゆえに、遊ぶものがなくてはかわいそうかと。

それに、食べ物やお菓子がなくては、お腹も空くだろうと。


とにかく、座敷わらしちゃんに会いに行く！　と決めたからには、たくさんのおもちゃとお菓子を用意しておいてあげたい♪　と、思ったわけです。


が、そのとき、わたしは、超多忙な日々の中にいました。わざわざそれを買いに行くための時間などとれないほど、スケジュールがぎっしり詰まっていたのです。

それゆえ、直近にある、先に決まっていた出版社との打ち合わせの日の帰りしか、時間がとれない感じでした。

どうしても、その日しか、デパートなどに行ける時間がなかったのです。


すると、その日、いきなり、ある意味、不思議な流れ、思いもよらぬラッキーな出来事、シンクロ現象ともいえることが、起こったのです！

実は、その、わらしちゃんのためのおもちゃとお菓子を、出版社との打ち合わせの帰りに買いに行く予定にしていたわけですが、その出版社のまわりにはデパートもおもちゃ屋さんも、まったくありませんでした。

それゆえ、帰りはどこかデパートやおもちゃ屋さんを探して、わざわざ寄らないといけない状態でした。

ところが!! 何が不思議かって、買いに行こうとしていたその出版社との打ち合わせの日、いつものところに車を止めようと思って行ったら、満車で車が止められなかったのです。

それで、しかたなく、いつもは行かない、ちょっと先にある、古いビルの地下の駐車場に車を止めることになったのです。

そして、地下に車を止めて、出版社に向かうべく、エレベーターで1階まで上がってきたとき、目の前に広がるその光景に、思わず、息をのんでしまいました！

なんと!! その古いビルの1階の大スペースのそこでは、「昭和の子どもの遊びのおもちゃ特集」として、昔のおもちゃが勢ぞろいし、ごていねいにも、昔懐かしい駄菓子屋さんが、大出店で、コラボフェアをしていたのですから!!

しかも!! そこの会場のスタッフの人が、なんと、こう叫んでいるではありませんか!!

「今日限りですぅ～♪ みなさん、フェア、最終日ですよ～!!」と。

その光景を見た瞬間、わたしと秘書は、思わず顔をみあわせました。

もう、ここで、おもちゃもお菓子も買えということでしょ。

それしかないやん♪

そして、そのとき、わかったのです！

なぜ、いつもの駐車場が満車で車を止められなかったのか。なぜ、しかたなしにとはいうものの、自然に、しかし、何かに誘われるように、この駐車場のある古いビルまで、偶然やって来たのか。

わかった瞬間、わたしは、一瞬、ちょっと、ゾクッとしたものです。

〝ああ、わらしちゃんだ！　あなた、もう、わたしがそこへ行くことを知っているのね⁉　もしかして、わたしをすでに誘っている⁉〟

そう思わずにはいられませんでした。だって、そうでしょう。
こんな都合のいい、素晴らしい偶然があるだろうか‼

誰がそれを選んだのか⁉☆すでに始まっていた霊的誘い

わたしは買った‼
いや、本当は、買ってほしいとねだられていた⁉

偶然とはいえ、あまりにも出来過ぎた出来事に、思わず、息をのんだものです。そして、しばし、フリーズしてしまいました。

わたしは、これはもう、すでに、最初の日、画面を通してつながってしまった座敷わらしちゃんからの〝霊的な誘い〟＝エネルギー的なコンタクトとしか、思えませんでした。

そして、わたしは買いまくった！　昔懐かしいおもちゃとお菓子を♪

わたしと秘書と2人して、両手に持ったかごが山のように盛り上がるほど、おもちゃやお菓子を買いまくりました!!

そして、ハタと気がつくと、なんと、秘書は、男の子用のおもちゃばかりをかごに入れていたのです。紙鉄砲やら、赤い車や、竹とんぼやらを。それは、無理もない。秘書は、男性だから。

が、そのとき、不思議なことが。

〝違う〟という、かすかな声が聞こえ……。

それで、わたしは秘書にこう言ったのです。「なんだか、わらしちゃんは女の子の気がするから、女の子用のものをもっと選んでみて」と。すると秘書は、「男の子かもしれませんよ。座敷わらしには、男の子も女の子も、両方いるみたいですし」

「いや、それが……むしょうに、女の子のような気がするのよ……男の子用のおもちゃを手にしようとするたびに、〝違う〟とつぶやく女の子のような声が聞こえてしまうし、どうもわたしは、男の子用を選ぼうとしても、選べないのよ……だから」

「わかりました。それなら、女の子用を、もっと選びましょう！」

そう言って、2人は、本当には存在するのかしないのか、その時点では、まったくわからない者のために、まだ見ぬ子どものために、もしかしたら、無駄になるかもしれないであろうことのために、それでも、気配を感じてしまうその存在に対して、よろこんで、楽しんで、一生懸命、おもちゃとお菓子を買いまくったのです。

いままでは、あまり見ることも見つけることもできない、昭和の懐かしいおもちゃである、紙風船やら、おじゃみ（布の中に小豆《あずき》などを入れてつくった手遊び用の小さな丸いおもちゃ）やら、くまちゃんの指輪やら、ピンクのぬいぐるみやら、塗り絵やら、色紙やら……。

それは、いま思えば、わらしちゃんの好みであり、望みだったのかもしれない♪

わたしは、それらをかごの中にポンポンと入れるたび、童心に帰ったかのように、うきうき、わくわくして、うれし泣きしそうなほど、とにかく、うれしくてたまらなかった！

そして、どこかから、こう聞こえた気がした。
「わぁ〜い!! こんなにたくさん、ありがとう♪」と。

そして、わたしは、帰りにもうひとつみつけた、子ども用のテーブルまでも買い、自宅に戻ると、そのテーブルをひろげ、たくさんのお菓子とおもちゃをその上にはもちろん、床にも、たくさん並べたのです。

あとは、現地に行くだけ♪ それは、明日、早朝!!

こうしてわたしは、「座敷わらし」と出逢った♪

あちらからサインはあった！
無音と無風が、つながるタイミング！

その日、秘書とわたしは5時起きで、新幹線に乗って、そこに向かいました。

空は青く澄み渡り、風はおだやかで、街は平和で静かな様子でした。

電車も乗り継ぎ、しばし歩くと、緑に囲まれたその神社は、そっと現れたのでした。

「ここか……」

もっと大勢の人が押しかけていて、もしかしたら、境内に入ることも、手を合わせたくても本殿に向かうこともできないのではないかと懸念していたわたしたちは、そのひっそりとした静けさに、意外なムードを感じつつも、むしろ、ほっと、胸を撫《な》でおろしました。

「ああ、よかったね♪　朝、早く来て。まだ、わたしたちだけしか、いないから、ゆっくり手を合わせられるよ」

まずは、本殿に向かい、この神社に来させていただいたことの感謝を申し上げました。

そのあと、わたしと秘書は、それぞれに感じるままに、境内の好きな場所を歩きました。

といっても、広い場所ではなく、すぐにまわりきれてしまうような小さな神社。

それゆえ、わたしたちは、同じ場所を、何度か、ゆっくりまわっただけでした。

その間、時々、人がポツポツ訪れてきました。マラソン着のままで、ちょっとここで足を止め、入って来たかと思うと、さっと手を合わせてまたマラソンに戻る人や、近所に住むご夫婦のような人……時には、大きなリュックを背負い、本格的なカメラを持って、あちこち写しまくる観光客のような人も……。

また、ある人は、御朱印をもらうために、社務所の受付にやって来ていました。その人に御朱印を書き渡すと、受付にいた人は、なぜか突然、窓を閉め、どこかに去っていきました。

また、静まりかえった境内に、わたしと秘書の2人だけが残されたのです。

しばし、2人きりでした……しかし、何も起こりませんでした。

そのとき、一瞬、「あれ、何しに来たんだったっけ？」と、わたしはふとそう思い、「もう帰ろうかなぁ～」と、心の中で思った、その時でした!!

静寂と澄んだ空気だけが心地よくひろがる、人《ひと》けのない神社の、無風、無音の中に、落とし込まれたように感じたその瞬間、緑色の鉄製の鈴が大きく揺れ、「チリリン、リン♪」と、大きな音を立てたのです！

それを聞いて、息をのんでいるわたしに、すかさず秘書がこう言ったのです。

「風もないのに……確かに動き、聞こえた！……聞こえました？」

「もちろん、聞こえたよ!!……何かの合図なのかな？　わらしちゃんかな？」

しかし、まだ何も現れず……。

「きっと、わたしたちがここに来たことを歓迎してくれたのかもしれないね。それだけでじゅうぶんだよね。もう、帰ろうか……」

「はい、今度、また、気が向いたとき、来たらいいですね……」

そして、わたしは、帰るためにと、そのときまだ現れぬけれど、そこにいるであろう座敷わらしちゃんに、こう伝えてみたのです。

「わらしちゃん、鈴の合図をくれてありがとう。うれしかったよ♪
あなたは本当にここにいるのね。でも、怖くないの？　さみしくない？　ひとりではないの？　なぜ、ここにいるのかな？
そんなことをいろいろ話したかったね……。でも、今日はもう帰るね。

突然やって来て、怖がらせたかな？　ごめんね。わたしはあなたに何もしないよ。

あなたがここで楽しんでいるなら、それでいい♪

ポケットにおもちゃとお菓子を入れて持って来たんだけど、もし、このおばちゃんの家に来たいというなら､来てもいいよ。お菓子とおもちゃをたくさん用意しているからね♪」

そう言って、洋服の右のポケットの中に入れていた小さなおもちゃを右の手のひらに乗せて差し出したときのことです！

突然、優しいあたたかいものが、わたしの左手（おもちゃを持っていない方の手）をとらえたのです！

「えっ!?」

ゆっくりと、その温度を感じる左手をみると、なんと!! 鈴の合図をくれたであろう小さな子どもが、そう、座敷わらしちゃんが、わたしの手をそっと握り、手をつないでいたのです！

それは、本当に、そこにいました！

しかし、その姿は、まったく意外なものでした。それは、どんな容姿をしていた!?

それについては、引き続き、次の項で、お伝えしましょう！

現れたその子は、意外な姿だった‼

誰も知らなかったであろうその真実とは⁉☆
実際の容姿は、こうだった♪

持ってきたおもちゃを自分の右手に乗せて、そっと手前に差し出したとき、下におろしていた左手に、突如、わたしはあたたかいものを感じました。

「えっ？　なんだろう？」

そう思って、ゆっくりと、その温度を感じる左手をみると……

なんと‼　鈴の合図をくれたであろう座敷わらしちゃんが、そっと手をつないでいたのです！

そのとき、わたしは、わらしちゃんのその意外な姿に驚きました！
というのも、それは、巷にひろがるような着物スタイルでもなく、長い長い背中まである黒髪をしていたわけでもなかったからです。まったく、イメージと違って、驚いたものです。

この目で、わたしが見た、その座敷わらしちゃんは、まだ幼い小さな女の子で、年齢はおそらく4歳くらい♪
その肌は色白で、マシュマロのように柔らかそうなほっぺで、髪はあごのあたりまでの短いおかっぱ（といっても、直角切りではなく、自然に伸びたような爽やかなおかっぱの髪）で、上半身は、ガーゼのような薄いタイプの生地のランニングタイプのシャツを着ており、下半身は白いパンツ一丁で、足は裸足《はだし》だったからです！

また、その顔の表情は、幼く、愛くるしく、無邪気さでいっぱいで、目はぱっちりと開いていました。しかし、その表情は、笑うでもなく、ただ、きょとんとして、まっすぐ前をみつめていました。

そして、その姿は、淡い光のベールをかぶった神々《こうごう》しさに包まれた、半透明のものでした。

きょとんとしているのはなぜ？

「えっ⁉　わたしが視えるの、おばちゃんは⁉」という感じだったのかもしれません。

その可愛い、可愛い、幼い女の子は、わたしという見知らぬおばさんを怖がらず、けど、ちょっと緊張しているかのような、戸惑うかのような、きょとんとした顔をして、小さなその手で、左手をそっと握ってきてくれたのでした。

ああ……もしかしたら、この出逢いと、この瞬間を、わたしは心のどこかで待っていたのかもしれない！

しかし、実際には、どうしたらいいのだろう……。こんなことになって……。

まさか、この手を振り払って、「ここにいてね」と、夜になるとさみしいであろうこの神社に置いて帰ればいいのか!? それとも、さみしいからこそ、わたしについて行きたいというのか……

わからないので、その子に聞いてみることにしました。


「あらぁ～、あなた、本当に可愛いね。とっても可愛い♪

おばちゃんはね、怖い人ではないよ。視えたり、聞こえたりする人なんだよ。だから、あなたのことが視えるのよ。

おばちゃんにも3人の子どもがいてね、おばちゃんは子どもが大好きなの♪

あなたはこの神社に長いことずっといたのかな？ ずっとここにいたい？

おもちゃとお菓子だけ、ここに置いていこうか？

それとも、おばちゃんの家に来たいなら、来てみる？ もし、来てみて、やはり神社の方が落ち着くというのなら、また、この神社に連れて帰ってきてあげるよ」

小さな女の子のその座敷わらしちゃんは、ちょっと、何かを考えているように見えました。

「……おばちゃんのおうちに来る?」

もう一度、聞いたとき、わらしちゃんは、こっくりと、うなずいたのです!

わかった。じゃあ、一緒にいこう♪

郵便はがき

料金受取人払郵便

牛込局承認

9026

差出有効期間
2025年 8 月
19日まで
切手はいりません

162-8790

東京都新宿区矢来町114番地
神楽坂高橋ビル5F

株式会社ビジネス社

愛読者係 行

ご住所 〒 TEL: ( ) FAX: ( )		
フリガナ お名前	年齢	性別 男・女
ご職業	メールアドレスまたはFAX メールまたはFAXによる新刊案内をご希望の方は、ご記入下さい。	
お買い上げ日・書店名 年 月 日	市区 町村	書店

ご購読ありがとうございました。今後の出版企画の参考に
致したいと存じますので、ぜひご意見をお聞かせください。

書籍名

お買い求めの動機

1　書店で見て　2　新聞広告（紙名　　　　　）

3　書評・新刊紹介（掲載紙名　　　　　）

4　知人・同僚のすすめ　5　上司、先生のすすめ　6　その他

本書の装幀（カバー），デザインなどに関するご感想

1　洒落ていた　2　めだっていた　3　タイトルがよい

4　まあまあ　5　よくない　6　その他(　　　　　)

本書の定価についてご意見をお聞かせください

1　高い　2　安い　3　手ごろ　4　その他(　　　　　)

本書についてご意見をお聞かせください

どんな出版をご希望ですか（著者、テーマなど）

新幹線に乗ってついて来た、わらしちゃん♪☆その過程

それは、探すのでも、みつけるのでも、つかまえるのでも、なかった！

「おばちゃんのおうちに来る？」

もう一度、そう聞いたとき、わらしちゃんは、こっくりと、うなずいたのです。

そして、わたしは、何か事情があるのかもしれないから、それは、自宅に着いて、落ち着いてから、ゆっくり聞いてあげようと思っていました。

そして、わが家に来てもらう限りは、〝絶対に、この子を大切にしないといけない〟とも思っていました。なんなら、一生、面倒を見るのもいいかと。

それなのに、わらしちゃんと手をつないで帰るとき、わたしは、突如、妙な気分になっ

たのです。

……ん？　なんだか誘拐犯になったみたいな？

もちろん、これまで人を誘拐したことなど一度たりともないわけですが（笑）、霊といえども、小さな見知らぬ子であるわらしちゃんを連れているとき、なんだかそう思ったのでした。

それで、途中、道を歩きながら、何度もこう聞いてみたのです。

「途中で帰りたくなったら、すぐにおばちゃんに教えてね。遠慮しなくていいからね。帰りたくなったら、すぐに神社に連れて行ってあげるからね」

しかし、そう聞いても、なぜか、わらしちゃんは、そんなことは望んでいないかのように、どこか、楽し気なムードをかもし出していました。

ああ、よかった。よろこんでくれているみたいで……♪

手をつないで、てくてく歩いて、電車を乗り継ぎ、ようやく新幹線の駅の構内まで来ると、わらび餅屋さんが、特設スペースで、わらび餅を売っていました。

すると、わたしがそこを通り過ぎようとしたとき、わらしちゃんは、ピタッと止まって動かなくなったのでした。

わたしは、食べたいのだと察し、それを買ったのです。

絶対に、わらしちゃんは、それを食べたかったに違いないと。なぜなら、わたし自身は、わらび餅とか、ふにゃふにゃした和菓子類は、あまり好きではなく、ふだん買うことすらないからです！

そして、新幹線のグリーン席をとり、わたしの前に秘書が座り、秘書の後ろの席に、わたしとわらしちゃんは、並んで座りました。

まさか、ここに、座敷わらしちゃんがいるとは、同じグリーン車に乗っている人は、誰も気づかない。

わらしちゃんは、初めてのことなのか、不思議そうな顔をして、新幹線に乗っていました。そして、降りるまで、とてもおりこうさんにしていて、黙ってまっすぐ前を向いて座っていました。

なぜか、一度も、目は合いませんでした。彼女は、ずっと、自分の前だけを見ているのでした。そのわらしちゃんの顔を、わたしは何度ものぞき込んで見ていました。本当に愛らしいお顔。

まぁ、知らないおばちゃんと新幹線に乗っても、黙っているしかないよねぇ〜。

新幹線を降りると、すぐにタクシー乗り場に向かい、自宅に向かいました。

タクシーに乗る前にと、わたしは、その日、家にいた息子に電話をかけ、こう言っておいたのです。

「ねぇ、部屋を汚していないよね？　きれいにしててね。まもなく、わらしちゃんと一緒に、家に着くから♪」

「ああ、はい、はい。きれいにしているよ。やっぱり、連れて来るんやね……」

息子は、もう、視えたり、聞こえたりするわたしに、何も驚かない（笑）。

まだまだある不思議なこの続きは、Ｃｈａｐｔｅｒ２で、お話ししましょう♪

Chapter 2

幸運を呼び込む☆
座敷わらしの置きみやげ♪

小さなピュアな存在が与えてくれた、
大きな愛と感謝に満ちた宝物

自宅に連れてきたときの、わらしちゃんの様子

その子は、よろこんで遊び、食べ☆
そして起こった予想外の展開とは⁉

新幹線に乗って、秘書とわたしと一緒について来たわらしちゃん♪　新幹線の駅からはタクシーに乗って、ついに、わたしの家にやって来たのです！

自宅に着くと、すぐに、わらしちゃんをリビングに通しました。

なぜなら、そこに、事前に買って準備しておいた、子ども用のテーブルがあり、そのテーブルの上やまわりに、たくさんのおもちゃとお菓子を置いていたからです。

そして、わらしちゃんに、わたしはこう言ってみたのです。

「さあ、どうぞ♪　どうかな？　そのおもちゃ、気に入ってくれるかな？　そんなおもち

ゃ、見たことある？　お菓子もおもちゃも、ぜんぶあなたのものだから、好きなものを食べて、好きなおもちゃで遊んでいいのよ♪」

そういって、わたしは、新幹線に乗る前に買った、わらしちゃんが食べたそうにしていた、あのわらび餅をお皿に入れ、オレンジジュースを子ども用のくまちゃんのコップに入れ、机の上に置きました。

そして、事前に買ってきておいた昭和の子どものおもちゃである紙風船をいくつかふくらませ、わらしちゃんの横に置いてあげたのです♪

なんだか、小さな子がいる家の中のムードは、子育てしていた頃のことを思い出し、とても懐かしく、あたたかく、優しい平和な気持ちになったものです。

いやいや、それにしても、このわたしの行為……。

実は、わたしの家族の誰にも、わらしちゃんは見えてはいませんからねぇ～。

視えているのは（はっきり見えているのは）、わたしだけであるがゆえに、ある意味、見えない者に話しかけ、お菓子やジュースをあげているわたしの行為の方が、怖く見えたかもしれません（笑）、うちの家族には。

わらしちゃんは、とても、とても、おりこうさんで、なぜか、家に来たときから、ずっと、正座したまま、そこに座っていました。

裸に、ガーゼ生地のシャツ一枚と、白いパンツ一丁のわらしちゃんが、ちょこんと正座して座っているその姿をみていると、昭和の昔の子どもそのものに見えました。が、ある意味、もっとそれ以前の戦争を経験したことのある子のようにも、視えました。

そう感じたとき、一瞬、わたしは、こう思ったものでした。

「もしかしたら、座敷わらしではなく、偶然、あの神社にいた、子どもの浮遊霊でも、連れて帰ってきたのかな？　だとしたら、それなら、えらいこっちゃ！」と。

しかし、わらしちゃんは、ただ、ただ可愛い♪

見ているだけで癒されるし、まったく怖い感じはしない！

もちろん、あとで、わかることですが、確かに、わが家に来たわらしちゃんは、座敷わらしであったわけですが、この時点では、まだ、座敷わらしだと思って連れて来たこの子が、本当に座敷わらしなのか、子どもの未成仏霊なのか、疑わしい感じにも思えていました。

それでも、「あの神社にいたのだから、絶対に、座敷わらしに違いない！」と、心のどこかで確信していました。

そして、そのとき、リビングに入って来た息子に、こう言っておいたのです。

「大きな声を出したら、あかんよ。そこで、機嫌良く、わらしちゃんは遊んでいるから。小さな子どもだから、大人の大きな声に怖がるといけないから」

「わかった。静かに見守るよ」

そして、わたしも落ち着くべく、いったん自分の部屋に入り、着替えをしたのです。そして、コーヒーを飲むべく、わらしちゃんのそばにいるべく、リビングに戻ると、息子がこう言うではありませんか。

「あのさぁ……なんだか知らないけど、さっきから、風もないのに、僕もここにじっとしているだけなのに、ずっと紙風船が、ゆらゆら動いているんだよ……ほら、見ていたら、風船が移動している……やっぱり、遊んでいるのかなぁ～」

「遊んでいるんだよ、きっと♪」

わたしは、しばらく、わらしちゃんを自由に遊ばせてあげたらいいと思っていました。

それゆえ、一緒に自宅まで来て、別の部屋に通していた秘書のところに行き、翌日の仕事の打ち合わせをすることにしたのです。

そして、1時間ほど時間が経《た》った頃、リビングテーブルの上にパソコンを持ち込み、メールの返信などしていたところ……

突然、どーんと沈み込むような、暗い、泣きたい気持ちになったのです。

「えっ!?　なに、この感覚……まさか!?」

そう思って、わらしちゃんの方を見ると……

「えっ!?　うそ!?　なんで!?　どうしたっていうの!?」

なぜか、泣いているではありませんか!!

お不動さまのおさとしによって

驚きの光景！　わらしちゃんが、自分の現状を知ることになったときの話

うそでしょ!?　さっきまで、あんなに機嫌良さそうに、おとなしく遊んでいたのに!?

「ちょっとぉ～、わらしちゃんが泣いている!!　どうしよぉ～、なんで!?」

わたしがあわてて息子にそのことを話すと、息子は冷静にこう言ったのでした。

「たぶん、お不動さまの顔が怖くて、泣いているんじゃないの!?

お不動さまの前に、テーブルを置いて、そこで遊ばせるからだよ。あの場所が怖いんだよ、きっと」

なるほど……わたしにはお不動さまの忿怒相《ふんぬそう》は、深い慈愛の意味を持つ、お優しい気持ちのあらわれだとわかっており、それゆえ、お不動さまが大好きなわけだけど……もしかしたら、何も知らない小さな子どもには、あの顔が怖かったのかもしれない……まぁ、それは、わかる気がする。

そう思ったわたしは、わらしちゃんにこう話しかけつつ、テーブルの置き場を、お不動さまの前から、遠くへと離したのです。

「ああ、わらしちゃん、ごめんね。お不動さまの顔、怖かったのかな？　でも、お不動さまはお優しい仏さまだから、守ってくれているからね。怖くないよ」

そして、しばし、お不動さまから引き離した場所で、遊んでもらおうとしたのですが、なぜか、わらしちゃんは泣き止まない……。

もしかして、もう、神社に帰りたくなった!?

「わらしちゃん、もう、帰りたいなら、おばちゃんがもう一度、神社に連れて行ってあげようか？」

と聞いてみた。すると、なんと、わらしちゃんは、泣きながらこう言ったのです。

「お母さんがいない……お母さんがいない……」

「お母さんは、どこにいったの？」

「わからない……わからない……」

すると、お不動さまが、なにやら、わらしちゃんに話しかけているのがわかったのです。お不動さまは、こう、おさとしをしていたのです。

「いつまでも、この地上にいてはいけない。あなたはもう亡くなっているのだから。それを、もう、自覚なさい。そして、わかったならば早く、天に帰りなさい。そこに、あなたの母親もいるし、待っているから。ここからなら、天に帰してあげられる。この者〈※わたしのこと〉を通して、天に帰そうぞ！　心配いらぬ。天界までの道を導き、守り、送り届けよう。さぁ、ここから、もう、行くが良い」と。

わらしちゃんは、泣きながらも、お不動さまのおさとしを一生懸命、聞いていました。そうして、そのお不動さまの言葉を聞いたあと、わらしちゃんの方を見ていると、そこに、すさまじい光景が視えはじめました。

それは、戦争の光景。

空から爆弾が落ちてくる様子でした。そのとき、着の身、着のまま、わけもわからず家を飛び出してきた、子どもの姿が見えました。そして、一瞬で、その子は死んだのです。母親とはぐれたまま！

なんと、それが、この、ここにいる、わらしちゃんの真相だったのです！

ああ、あなたは、戦争で親とはぐれ、そのまま即死したのね……。

けれども、そのとき、まだ幼くて、あなたは自分が死んだことさえわからず、死んだことを自覚できず、しかも、あなたを天に行かせるためのお経を唱える人も、追善供養をする人もなく、それゆえ、天に行くに行けず、地上にとどまるしかなかったのね……。

そうして、あの神社の神様のご加護のもと、今日までその視えない姿のまま、地上にいたということなのね!!

なんという、哀《かな》しい現実……。

すべてがわかったとき、哀しくて、しかたありませんでした。

しかし、そうとわかれば、一刻も早く、わらしちゃんを救ってあげないと!!

とにかく、戦争で同じく亡くなったお母さんのいる、天に帰してあげなくてはいけない!!

そして、わたしは、こう聞いたのです。いまはただ、泣くことだけしかできない、可愛い顔をした、あどけない、わらしちゃんに!

いよいよ☆迎えるべきときを、迎えたときの話

それは、わが家にて、お不動さまと観音さまの見守る中で、起こった!!

真相がわかったわたしは、いまはただ、泣くことだけしかできない、可愛い顔をした、あどけない、わらしちゃんに、こう聞いてみたのです。

「わらしちゃん……あなたのお母さんは天国で待っているよ……。あなたは、ここで、昇天して、もう天に帰るのが良いと、お不動さまはおっしゃっているけれど……いま、おばちゃんの家から、おばちゃんとお不動さまの見守る中で、お母さんのいる天に行く?」

すると、相変わらず、まっすぐ前しかみない、そのあどけないわらしちゃんは、こっく

りとうなずいたのです。

「わかったわ。では、おばちゃんが、お経をあげて、昇天の儀式を行うね」
(※ちなみに、わたしは17歳から尼寺に通い、19歳で霊感が降り、2009年に高野山のお寺さまで得度《とくど》。その後、臨死体験により、視える・聞こえる・わかる体質となる。霊に関する儀式もできるようになった)

すると、はじめて、わらしちゃんは、うれしそうに、安堵の表情に変わり、ほほえんだのです!!

わたしがお不動さまにおうかがいをたてると、昇天のためには、最強のお経とされる「理趣経」と「観音経」を〝続けて唱えよ!!〟とのことでした。
それゆえ、わたしは、わらしちゃんとともにお不動さまの祭壇の前に座り、ろうそくに火をともし、線香を立て、お水を供えて、霊を上げるためにと、お経を唱えたのです。
ちなみに、わたしは、2009年高野山真言宗にて得度した際、大阿闍梨《だいあじゃり》様にこう言われていました。

「霊を怖がってはいけませんよ。なぜなら、あなたこそお坊さんであり、霊を癒す立場になったのですからね」と。そして、そこから、お経を唱えるのは、もはや日課となっており、それゆえ、長いお経を立て続けに何本か唱えたところで、わたしにとっては、なんら大変なことではありませんでした。

そして、最も尊い「理趣経」のあとに、救済を願い、「観音経」を唱えたわけですが、なんと、唱え終わるや否や、わらしちゃんは、いきなり、シュンッ!! とも、ビュンッ!! ともいうべき、超☆瞬速で、あっという間に、昇天したのです!

その瞬間を、わたしは、はっきり、見た!! 本当に、「あっ」というものでした。

ちなみに、この世にみれんを残していない者（霊）、思い残しのない者（霊）は、いつでも素早く昇天するもの!

そのとき、なんともいえない爽快感と平和さと、お役目が終わったというような安堵感があり、しばし、それにひたっているとき、どこからともなく、こう聞こえたのでした。
「ありがとう……」と。
そして、わらしちゃんの満面の笑みが、目の前に大きくひろがったのです。

ああ……これで良かったんだ……。

きっと、わたしは、あの子を、亡くなったお母さんのいる天国に戻すために、あの神社に誘われたのかもしれない……。
それなら、それで良かった……。

しかし、可愛いわらしちゃんがいなくなって、さみしい……。

わたしは、なんともいえない脱力感を覚えていました。
と、同時に、「わらしちゃんは、本当に、座敷わらしだったのかなぁ……」と考えこんでもいました。

ところが！　わらしちゃんは、正真正銘の「座敷わらし」であっただけに、その真実と痕跡《こんせき》を、なんと！　その後、わたしに残してくれたのです！

それって、いったい、どんなこと!?

引き続き、次の項でも、お伝えしましょう！

「座敷わらし」の〝置きみやげ♪〟

小さな〝福の神〟がくれた「おみやげ」はとんでもなく大きな富だった！

わらしちゃんが、超☆瞬速で、昇天したのは、きっと、本当に、長い間そうしたかったからに違いないでしょう。そして、幼く、ピュアで、素直なゆえに、すぐさま天に行くことができたのでしょう。

この地上になんの未練も残さず、お不動さまと観音さまが見守るなか、安心して。

とはいうものの、わたしはわらしちゃんのために買ってきたお菓子とおもちゃだらけの部屋に、ポツンと残され、とてつもなくさみしい気持ちになっていたのでした。

もし、念写でもできたなら、みんなに見てもらいたかったくらい、可愛い顔をした子どもでした。

そして、あまりにもさみしくなったわたしは、それゆえに、なかなか、わらしちゃん用のテーブルとお菓子とおもちゃを片付ける気になれませんでした。

それゆえ、しばらくそのままにしておくことにしたのです。

しかし、不思議なことに、なぜか、ときおり、わらしちゃんの笑顔が頭上に広がるのを見たり、気配を感じたりしていました。それを感じるときには、いつもなんともいえない、あたたかい、優しい気持ちになり、涙がこぼれそうになるほどでした。

そして、そこから、起こったのです！

ある不思議な、不思議な、現象が!!

愛のプレゼントの規模は、桁外れ!!

なんとお礼を言えばいいのやら☆豊かなお気遣いを、ありがとう♪

わらしちゃんがいなくなってから、わたしは、とてもさみしくて、なかなか、わらしちゃん用のテーブルやお菓子やおもちゃを片付けられずにいました。

それゆえ、「まぁ、いいか。しばらくこのままにしておこう……そこにある昭和のレトロなおもちゃを眺めているだけで、楽しいではないか」と。

その日は、もう、そのあと、ブログを書く気もせず、翌日の仕事のことを考える気もせず、ぼーっとしたまま、なんとなくテレビをみて過ごすしかありませんでした。

そして、その夜は、いつもより早めに寝ることにしたのです。

するると、翌日、いきなり、スタッフがこう連絡してきたではありませんか。

「ちょっ、ちょっ、ちょっと、知ってます!?」

「何を?」

「スゴイことになっていますよ!」

「何が?」

「だから、売り上げがですよ!! あれーーーー、うそでしょ!? というくらい、考えられないハイペースで、昨夜から高額講座の申し込みが立て続けに集中して入りまくっているんですよ!!

しかも、朝から、入金ラッシュですよ!!」

それを聞いたとき、わたしは、「わらしちゃんだ!」と、そう思わずにはいられませんでした。そして、自分でも確かめると……

本当に、不思議なことが起こっていました！

この動きは、一体、何!?　というような、まったく通常の状態ではない、秒単位で集中的に起きている申し込みや入金が、そこにあったのです!!

なんとも、不思議な、不思議な、千客万来の現象!!

売り上げがたった1日で驚くほどの金額に!!

わたしは、わかった！「これは、座敷わらしの置きみやげだ♪」と。

しかも、この、うれしすぎる、ありがたい不思議な秒単位での殺到現象は、その日、たった1日だけではなかったのです！

突如、千客万来&入金ラッシュ!!☆その、神がかった出来事

うそ!? いや、ほんまです☆
神がかってるでしょ、神わざなのでね♪

不思議な現象、そう、〝座敷わらしの置きみやげ♪〟は、わらしちゃんがうちに来た日の午前中から(夕方には、わらしちゃんは天に帰ったわけですが)、翌日まで、ずっと起こっていたのです。

しかも、それは、翌日も、その翌日もと、そこからなんと、半年くらいずっと続いたのです!!

この状況を知った秘書も、こう言うしかありませんでした。

「いや、これは、もう、座敷わらしのおかげとしか思えませんねぇ！
しかし、それにしても、なみ先生、これに対応する体力あります!?　かなりの講座数を短期集中で連日こなさなくてはなりませんよ（笑）」と。

そして、この売り上げ拡大現象に、決算前の打ち合わせの際、顧問税理士もこう言ったものです。

「えっと、この日から、かなり、売り上げが急激に伸びていますが、何かいつもと違う戦略とか宣伝とか活動をされましたか!?」

「いいえ、何もしていません」

と、答えながら、心の中でわたしは、〝いいえ、わたしは何もしていません。わらしちゃんがしてくれたんです♪〟と、つぶやいていました。

しかも!!　わたしの主宰するカレッジの売り上げだけでなく、そこから次々と決定していった出版企画は、かなりの数にのぼり、わたしはほぼ毎月2本のペースで本を書き、連続的に発売する流れになったのでした！

うれしい悲鳴とは、まさに、こういうこと♪
ほんま、こんな声がでます！
「ひぇ～～～!!　どないしよ!!　めっちゃ、忙しいや～～～ん♪」とね。

そして、そのあと、すごいことを、わたしは発見することになるのです！
それって、一体!?

それは、何度もお礼にやって来る☆真心が、通じるたびに♪

何も願わない、求めない☆
その無欲の心に、神秘的サポートは働く！

不思議なお仕事ラッシュと入金ラッシュが続いて半年くらい経った頃、ぼちぼちいつもの状態に落ち着きはじめ、やれやれという感じで、わたしは自分のペースを取り戻すようになっていました。

それにしても、たった1日、わが家に来てもらっただけで、こんなことになるとは!?　と、わたしは、落ち着いてもなお、それでもまだ圧倒されていました。

あの、小さな可愛い、まだ幼いわらしちゃんの〝相当な偉力〟と〝すごい神わざ〟と〝鶴《つる》の恩返し以上の、恩恵倍返し〟に、わたしは、とてつもなく感動し、崇高さと、神々しさを感じずにはいられませんでした。

そして、同時に、深く、深く、心から感謝していました。

「わらしちゃん……ありがとう♪　本当に、ありがとうね」

わたしは、わらしちゃんの顔と姿、そう、あの色白でパッチリの目、やわらかそうなほっぺ、愛くるしい可愛い顔、ガーゼシャツにパンツ一丁で、ちょこんと正座していたわらしちゃんを、ずっと忘れることができませんでした。

そして、相変わらず、おもちゃも、片付けないままにしていました。たくさん集めたぬいぐるみコーナーのところに置いて。

そして、あるとき、わたしは、天で安堵しているであろうわらしちゃんに向かって、こんな言葉をかけてみたのです。それは、なにげなくでした。

「わらしちゃん、ここにおもちゃを置いたままにしているから、遊びたくなったら、いつでも遊びに来ていいよ。たくさんあるぬいぐるみさんも、ぜんぶわらしちゃんが遊んでいいんだよ」と。

そして、わらしちゃんのために買って、置いたままにしていたお菓子の箱をあけて、自分が食べてみたのです。

食べながら、わらしちゃんが楽しそうに遊んでいた紙風船を、ちょっと自分も遊んでみたのです。おじゃみもさわり、ピンクの車も、動かしたりして♪

そうやって、わらしちゃんのことを思い出し、懐かしんでいたのです。

すると!! なんと!!

ただ、わらしちゃんの顔を思い出して、「ありがとう」と感謝する気持ちを贈り、子どものように純粋な気持ちを持つ時間を楽しんでいると、なぜか、また、あの、不思議な現象が、千客万来現象が、商売繁盛現象が、起こりはじめたのです!!

えっ!? うそやろ!? まさか!?

そして、わたしは、発見してしまったのです！

そう、わらしちゃんが、ここにいなくても、心の中で思い出し、懐かしみ、愛《いと》しく思い、心から感謝しているだけで、わらしちゃんが、また、ここにやって来ることを！　わらしちゃんの持つ素晴らしい神秘が働くということを！

それは、愛と感謝が起こす魔法だったのかもしれません。

とにかく、純粋な心で、愛と感謝をささげることで、その純粋なエネルギーが、瞬時に、天にいるわらしちゃんに届いているということを、実感したのです。

ちなみに、**わたしは、わらしちゃんに、何ひとつ、お願いごとなどしていません！**

ただ、あの日、出逢った瞬間から、可愛くてたまらなかった♪

幸せでいてほしい、ほほえんでいてほしい、楽しく過ごしてほしいと、そう思うばかりでした。

そもそも、うちには、男の子3人で、女の子の子どもはいなかったから、わらしちゃんがわが家に来てくれたとき、本当に、ハッピーでした。

もし、わが家にも、女の子が生まれていたら、家の中が、こんなふうな愛らしい女の子らしいムードになるのだなぁ〜と。それを楽しませてもらえただけで、本当はとても幸せな気分で、満たされていたのです。

そして、先に、こちらが、わらしちゃんのために何かを豊かにたくさん用意したからこそ、こちらもまた、豊かに満たされたのかもしれません。

自分から先に与えることで、自分もまた与えられるのでしょう！

もちろん、そのとき、純粋な気持ちでいるからこそ。

Chapter 3

福の神を招く☆
ピュアで高貴なパワーにふれる

あなたがそれを心から大切に思うほど、
真心は通じ、奇跡は起こる♪

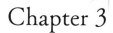

なぜ、そこにいる⁉ 「座敷わらし」の秘密

わらしちゃん本人に、居場所についてわたしが聞いた話とは⁉

「それにしても、なぜ、あの可愛いわらしちゃんは、あそこにいたのだろう？」

わたしは、座敷わらしという存在が実在することを、自分の体験から身をもって知ってから、ふと、そんなことや、その他、いろんな聞きたいことについて、あれこれ思うようになっていました。

本当は、自宅に来てくれたわらしちゃんが、機嫌良く遊んで、落ち着いたら、あれこれ話して、ゆっくり事情を聞いてみたいと思っていたことがたくさんありました。

が、お不動さまのおさとしにより、わらしちゃんが天に帰らなくてはならない存在だと

いうことで、急遽《きゅうきょ》、昇天することになったので、聞きたいことを聞きそびれてしまっていました。

そして、最も、聞きたかったこと、そう、「なぜ、あの場所にいたのか!?」ということを、あるとき、昇天したわらしちゃんの霊を呼び出して、聞いてみたのです。

わらしちゃんは、すっかり落ち着き、霊的に成長している様子で、おだやかにいろいろわたしに教えてくれました。

それは、まとめると、次のようなことでした。

座敷わらしは、なぜ、そこにいたのか!?　それはどんな場所!?

それについてお伝えしましょう。

まず、座敷わらしは、小さな子どもの霊です。そして、そもそもその土地、そこにあった家、そこら近辺で、暮らしていたのです。が、戦争や、病気や、事故や、何らかの事情で、突然、亡くなってしまったということです。

たとえば、わたしの家にやって来たわらしちゃんは、昔、その近辺に住んでいたわけですが、戦争により、逃げる途中で、突然亡くなっており、あまりの突然のことで亡くなったことを自覚できないままでいて、かつ、親もまた、そのとき同時に亡くなったことによって、葬儀をする者や、追善供養をする者や、弔う者がいなかったために、うまく天界に入ることができず、地に居座ったままになってしまったというわけです。

しかしながら、慈愛に満ちたお優しいあの神社の神様のお導きとご加護により、そこにいても安全だと、安堵《あんど》して、遊べる場所にと、そこにいたということです。

ちなみに、その神社には、昔はもっと多くの、わらしちゃんと同じ立場の子どもがいたようです。そして、仲良く一緒に遊んでいたので、さみしくなかったと。

しかし、あるとき、先祖の霊が迎えにきて、亡くなっていることをハタと気づいて、天に帰った子もいますし、心優しい子ども好きな、世話好きな、善行好きな人と偶然、その場所で出逢い、その人について行って、その人の家で、そっと、座敷わらしとしてまつられている子もいるようです。

わたしがわらしちゃんと出逢ったときは、数名の子どもの霊がまだその神社にいたように思いますが、波長が合ったわらしちゃんだけが、わたしについて来てくれたようです。きゅっと、小さな手で、わたしの手をつかみ♪

その波長とは、霊的波長！

いま、思うに、きっとそれは、わが家でおまつりさせていただいているお不動さまの波長による霊的導きであり、昇天可能な家の波長であったことを知っていたのではないかと思うわけですが。あるいは、わたしが大の子ども好きで、子どもには、優しいおばちゃんだからか？（笑）

さて、話を戻しますと……

戦争ではなく、病気や事故で、幼くして亡くなった子どもの場合、当時、自分があまりにも幼い、小さな子どもであったため、自分が亡くなった際に、自分が亡くなったという事情を理解できないでいることも多いわけです。

あるいは、亡くなったとはわかっているものの、あまりに小さな子ども時代に亡くなっているので、生き残った親が、非常に深く痛く嘆き悲しみ、「どこにもいかないで!!」「お母さんのそばに戻ってきて!!」「ずっと、ここにいて！」などと、亡くなった子どもが安心して成仏できないような状態になっていた場合、子どもはその親や残された人を心配しすぎて、自分は亡くなっているのに、後ろ髪を引かれる思いがあり、天に行くことができないということにもなるのです。

すると、しかたなしに、その場所に残ることに。

そうして、それなのに、そこにそうして残っていたものの、成仏できないままでそこに子どもが残っていることを知らない親の方が、今度はいつしか亡くなってしまったりすると、どうしていいかわからず、途方にくれて、そこに居続けるしかなくなってしまうということにもなるわけです。

いずれにしても、天にすんなり行けないなんらかの事情があり、子どもの霊は、けなげに、姿なきまま、そこに存在しているということです。

さて、さて、そもそも、まだ小さな幼い子どもは、罪や穢《けが》れを知りません。生きてきた人生が短く、悪も恐れも知りません。

ただ、ただ、純粋無垢で、美しい魂でいるものです。

それゆえ、亡くなって霊になった際には、その純真無垢な美しい魂だけの状態になって存在することになり、必然的に、神々しい〝福の神〟のような状態になり、つまり、〝幸運を呼び込む〟座敷わらしなどと呼ばれる存在に、なってしまうということです。

ちなみに、その純粋無垢な幼い小さな子どもの霊は、自分が座敷わらしだとは知るよしもありません。

そらそうでしょう。〝座敷わらし〟という言葉は、勝手に人間がつけて、そう呼んで、なんだかんだ言っているだけなのですからねぇ～。

しかし、純粋無垢な魂は、高次のものであり、神同様であるがために、その霊が触れる者は、浄化され、清められ、高められるのは、確かです！

「座敷わらし」と仲良くなる方法♪

小さな子どもだけど偉大なパワーを持つ神に、ついてもらうには!?

ここまで何度もお伝えしているように、座敷わらしは、小さな子どもの霊であり、純粋無垢な魂、高次のエネルギーを持つ、霊です。

しかし、子どもの霊だからといって、なめてかかってはいけません。

あちらは、霊であるがゆえに、つまり、霊界にいる者であるがゆえに、「目に見える世界」と「目に見えない世界」のすべてを、見通せる者であるということですからねぇ〜。すなわち、それは、こちらの本心や状態など、丸見えで、お見通しであり、何もかも、バレバレになる相手であるということです。そう、心の内も外もね。うそがつけない相手、なにひとつ偽れない相手というわけです。

ある意味、怖いよ。

しかし、そんなものがない人は、まったく、怖くないわけですがね。

それゆえ、この座敷わらしという〝幸運を呼び込む福の神〟と、仲良くなりたいというのなら、方法は、ただ、ひとつ！

〝好かれること〟です♪　それ以外、ありません。

そうであるからして、こちらから、おかしな手出しをすることはできませんのですぅ～。

こちらは、ただ、好かれ、「選ばれし者」になれるかどうかのみであり、仲良くなりたいならば、好かれ、「選ばれし者」になるにふさわしい人でいるしかないのです。

しかし、それは、厳しいことでも、難しいことでも、ありません。

まさに、人間関係と同じです。

人も、そうでしょう。よく、考えてもみてくださいよ。
あなたも、自分の好きな人にしか、寄っていかないでしょうし、慕わないでしょうし、仲良くしないでしょう。嫌いな人は、接触を避けるでしょう。

それと、同じです。

しかも、この、人間関係でいうところの理屈が大事なのは、そもそも、座敷わらしは、人間の子だからです！
それゆえ、人の心が通じます。いや、それしか、みていません。

ならば、どんな人が好かれるのか？　どういう人でいると仲良くなれるのか？

答えは、次のような人になっておくといいでしょう！

《座敷わらしに好かれ、仲良くなれる人は、こんなタイプ♪☆》

◎心が純粋で、ピュアな人。心が明るく、オープンで、前向きな人

◎裏表がない人、他人を操作するものが一切ない人

◎損得勘定のない人、がめつくない人、ギラギラしていない人・ケチでない人

◎建設的で、肯定的で、創造的な人

◎気前のいい人、他者に与えるのが好きな人、太っ腹！

◎さっぱりしている人、カラッとしている人、おおらかな人

◎心が優しい人、あたたかい人、癒しの力を持つ人、おだやかな人

◎慈しみの心を持つ人、慈愛の深い人

◎手を合わせる心を持っている人、尊いものを尊ぶことができる人

◎ありがたみや感謝の気持ちがある人、思いやりのある人

◎自分を大切にし、他者も大切に思える人

◎優しい言葉、思いやりの言葉を、惜しみなく人にかけられる人

◎まなざしのあたたかく、優しい人
◎子ども好きな人♪　そして、子どもからも好かれる人
自分がいるところに、なぜかやたらと、
親戚の子や近所の子が集まってきて、慕われるという人

これらは、よくみると、人間関係の中でも、「そうだよね、こういう人は、好きだよね♪」と思うタイプになっているはずです。

そして、それでいいのです。
そもそも、座敷わらしは、人間の子どもだったわけですからねぇ～。

あなたが人間的にふつうに好かれる人でいたならば、わらしちゃん的には、なんら問題ないわけです。なんでしたら、つきましょうか!?　という具合です。

しかし、こうやってたくさん項目を書き並べると、「こんなにたくさんの要素を持たな

いといけないのかぁ～」と、思う人もいるかもしれませんね。

けれども、これらは、すべてひっくるめて要約すると、あるひとつのことに、落ち着きます。

ズバリ、それは、最後にあげた、

〝子ども好きな人♪　そして、子どもからも好かれる人〟というものです！

それがある人は、わらしちゃんに好かれ、「選ばれし人」になることは、もう、まちがいないでしょう！

あなたは子どもに好かれるタイプ？

すべての子どもは人をみる目を持っている☆
そして、そこで起こること

前項では、座敷わらしに好かれる人は、どんな人なのかについて、お伝えしました。

そして、**そのすべての要素をひとつに要約したものこそ、**

ズバリ、〝子ども好きな人♪　そして、子どもからも好かれる人〟というもの！

しかし、子ども好きな人が子どもに対してどうふるまう人なのか、子どもに好かれるとはどういうことなのかが、わからない人は多いものです。

そこで、ここでは、子育てしていた頃の、わたしのエピソードをご紹介しましょう。なにか、子どもに関する大切なものをつかんでいただければ、幸いです。

わたしは、昔から、子どもが大好きだったこともあり、結婚後、3人の子どもを産みました。そして、子どもが小さい頃などは、本当に、よく、一緒に公園に行って、遊んだものです。

そのとき、公園には、近所の子どもたちもたくさんいました。

砂遊びをしている子どもたちを、わたしがほほえましく見ていると、わたしのところに、よくよその家の子がトコトコとやって来て、「おばちゃんに、これ、あげる♪」と、レンゲの首飾りや、お花の髪飾りをくれたものです。

それで、わたしが、その子に、「あら〜、きれいねぇ〜。上手につくったねぇ〜♪　素晴らしい‼　でも、どうして、おばちゃんにくれるの?」と聞くと、「おばちゃんが、好きだから!」というのです。

「どうして、おばちゃんのこと、好きなの?」と聞くと、

「おばちゃんはいつでも、ニコッとしてくれるから!　だから、おばちゃんが、好き♪」と、

なんとも、まぁ、可愛いことを言ってくれるのです。

そんなことは、一度や二度ではなく、たいがい、公園に行くと、よその子が集まってきて、ボールやなわとびで遊んだり、一緒にシャボン玉を追いかけたりしたものです。するとと、一緒に楽しく遊んだことのお礼であるかのように、子どもたちは、わたしのほほにチュッと軽くキスをしてくれたり、わたしの頭を小さな手でなでなでしてくれたり、お花やビー玉をくれたりしたものです。

夏場などは、わたしがアイスクリームを近所の子どもたちに分けると（あげてもいい？とその子のお母さんにも許可を得て）、それはそれは、みんな、「やったー!!」と、よろこんだものです。「おばちゃん、ありがとう!」と。
その、子どものよろこぶ顔を見られるのも、わたしの幸せでした。

また、わたしがスーパーに行こうと道を歩いていても、
「おばちゃん、どこ行くの？」

「スーパーに行くのよ」

「今日は公園に来る？　おばちゃん、あとから、来てね!!　絶対、来てね！

いっしょに遊ぼうね♪」

と、よく近所の子どもに声をかけられたものです。

そのたびに、わたしは、こう感じていました。

子どもって、よくわかっているんだなぁ〜、優しいおばちゃんを！　と。

そして、**子どもたちが感じとる、その優しさというのは、大人の〝まなざし〟であり、その大人のまなざしが優しいものかそうでないかを、子どもたちは、一瞬でみぬき、心地よいものがある人のところに、寄っていくのだなぁと感じたものです。**

そういえば、自分が子どものときも、大人の目つき、そう、まなざしの奥の優しさを感じ取っていたように思います。

ある意味、それを察知されてしまうとしたら、大人は子どもに、もう、うそもつけなくなるでしょう。子どもは見破りますからねぇ～。

また、あるときは、こんなことがありました。

マンションの郵便受けのところで、郵便物を取っていると、いつも公園で元気に遊んでいたひとつ上の階に住む小学校1年生の男の子が、目にいっぱい涙をためて、わたしのところに寄ってきたのです。

「あれ、どうしたの？　誰かにいじめられたの？　おばちゃんが、いじめっ子にコラーッて言ってあげようか（笑）」

すると、その男の子がこう言った、あのときのことを、いまでもわたしは忘れることができません。

「おばちゃん、ボク、お父さんがいなくなってん。お父さんと、お母さんは、離婚したんや。それでボク、大好きなお父さんがいないからさみしいけど、家で泣いたらお母さんに怒られるから、おばちゃんに話したいから、おばちゃんが買い物から帰ってくるのを、ここで待ってたんや！

……おばちゃん、ボク、さみしい!!　でも、おばちゃん、ボクのお母さんにこのこと言わないで！」

「言わないよ……誰にも言わない……」

そう言って、わたしがしゃがんで、その子を抱きしめると、その子はわたしにしがみついてきて、涙をぼろぼろこぼして、大きな声でわーんと泣いたのです。わたしの腕の中で、それはそれは長いこと。

「大丈夫だよ！　お父さんに会えなくても、ちゃんとお父さんも君のこと、覚えているし、きっと毎日思い出してくれているから！

それに、ずっと心の中にいるし、つながっているんだよ！　心の中ではいつもつながっているから、本当は、ずっと一緒なんだよ。

それにね、君と一緒だよ、おばちゃんも、お父さんがいない家で育ったんだよ。おばちゃんなんか、もう、お母さんも死んでしまったけど……乗り越えて、こんなに元気になったんだよ」

「えっ!?　おばちゃんも、お父さん、いなかったの？　お母さんも？」

「そうだよ」

「おばちゃん……かわいそう……なんで、さみしくないの？」

「本当はさみしいよ……君みたいに泣いていたよ。でもね、お父さんやお母さんに会いたくなったときは、いつも、お父さんやお母さんの顔を思い出していたんだよ。

そうしたら、会っているのと同じだから、さみしくなかったよ。

君も、そうしてみてごらん。そして、お母さんの味方になってあげてね。

きっと、お母さんも、君と同じ気持ちで、本当は、さみしいんだよ。

……怒っているのではなくて、お母さんもつらいのかもしれないよ」

「わかった!　おばちゃん、ありがとう」

そうして、ひとしきり泣いたら、気がすんだのか、その子は、

「おばちゃん、またね。バイバイ」と、エレベーターに乗って、帰っていったのです。

数日後、公園で会うと、その子は、元気にしていました。
「あら～、元気にしてるね」というと、
「おばちゃんと約束したことを毎日しているから、もう、ボク、さみしくないねん！」と言うのです。

本当に、子どもというのは、素直で、ピュアで、優しくて、可愛い存在♪
自分の子も、よその子も、同じなのです。子どもは、みんな、可愛い！

そんな子どもや、子どもの霊に愛されるには、自分もその子と同じくらい、ピュアであってもいいのです。それでこそ、通じるものがあるのです！

好かれたもの勝ち！　人も、霊も、神も、人間的に優しい人が好き♪

それは、当然のことでしょう。というのも、人間も、神も、対象を好きになれるからこそ、寄り添いあえるのですからねぇ～。
好かれることなくして、慕ってもらえることも、ついてもらえることも、ない！　と、
心得ていたいもの。

うちにも来てほしい♪☆何を用意して、お迎えすればいい⁉

用意すべき最も大切なもの、それは品物ではない！☆それって？

座敷わらしというものが、実在するものであり、こうしてこの本と出逢ったことで、また、座敷わらしが、可愛い子どもの霊であると知り、「ああ、それって、怖いものでなくて、良かった♪　ならば、うちにも来てほしい！」などと、思っている人もいることでしょう。

しかし、わかっておきたいことは、決して、それは、故意につかまえにいくようなものではないということです。いや、ほんとに。

ご利益ほしさに、座敷わらしがいるとされている場所をかぎつけては、あちこち行ったとて、自分の中に純粋な心や、優しいまなざしがなく、あわよくばという精神で、貪欲《どんよく》さをむきだしにして、ギタギタした目で行ったとしたならば、どんなにわらしちゃんたちを追いかけまわしても、怖がられ、逃げ散らかすことでしょう。
もしや、万が一、まちがって、うっかり、ついて来たところで、すぐに、おいとまする
ことになるでしょう。

波長があえば、勝手について来てくれるわけですから、日頃から、子どものように純粋な心、優しい気持ちでいることを大切にし、内側から、愛の波動を放つ人でいたいもの♪

日頃から、あなたが、優しい人でいて、親や、子どもを大切にする人であり、神仏に手を合わせ、大切なものを敬う心を持ち、感謝に満ちているような人ならば、わらしちゃんであれ、その他、どんな神様であれ、自然に共鳴して、あなたにもついてくれることは、大いにあります!

そして、「はい、そうします!」ということで、汚れたおのれの心を洗い清め、**いよいよどこかにお迎えに行ってみたい♪　というのなら、準備するのは、ただひとつ、ズバリ、**

「心地よい居場所」です！

もちろん、そこには、子どもの好きそうなおもちゃやお菓子が、たくさんあったほうがいいでしょう。よろこんでくれますからねぇ〜。

とにかく、「心地よい居場所」を事前に準備しておくことは、おもちゃやお菓子をたんまり買っておくことよりも、もっと重要です！

というのも、あなたの家が、居心地悪ければ、人も、神も、長居したくても、そうできないわけですから。

というわけで、ここでは、あなたの家にも、やって来ることになるかもしれない座敷わらしをお迎えするための、「心地よい居場所」のつくり方について、お伝えしましょう。

次のような環境ですと、さぞかし、わらしちゃんもよろこび、気に入り、長く居てくれ

ることになるでしょう♪

《わらしちゃんのために、事前に準備しておきたい環境は、これ！☆》

1☆まずは、家中くまなく、きれいに、しっかり、お掃除しておきましょう♪

家が汚いのは、最悪です。臭《くさ》いにおいがこもった部屋も、NG。

〝臭い〟ということは、その空間の空気が汚れているサインであり、ばい菌がいることを示すものであり、
時には、浮遊霊がいることを示すものです。

そういうところには、わらしちゃんは、絶対に、近寄れません。

わらしちゃんは、〝福の神〟であるがゆえに、清浄な空間をつくって、お迎えすることがなにより大切なのです。

大きく窓を開け放ち、新鮮な空気に入れ替え、クリーンな澄んだ空間にしておきまし

ょう。

2☆家にやって来るわらしちゃんが、気がねなくくつろげるよう、
「わらしちゃん専用スペース」を確保しておいてあげましょう。
といっても、ひとりぼっちの部屋にしないよう、家族が集まる空間に
そのスペースを確保したいもの♪
そこに、子ども用の小さなテーブルを置き、おもちゃやお菓子もたくさん
用意してあげるといいでしょう。

ちなみに、おもちゃは、昔懐かしい昭和のおもちゃのようなもの、
おかしも駄菓子屋さんにあるようなものが、好みのようです。

3☆わらしちゃんが、家に来ることになるわけですから、
家族仲良く、ほのぼの、優しいムードを大切にしましょう。
家庭環境の良さは、人間の子どもにとっても、

わらしちゃんにとっても、同じく重要です！

ちなみに、あなたの家庭は、明るいですか？　おだやかですか？
平和ですか？　あたたかいですか？　優しいですか？　癒されますか？

「いいえ！」というのでは、困ります。いや、わらしちゃんも、
あなた自身もね。

自分がつらい環境の中にいるというのなら、すすんで、家庭の環境を、
家族との関係を、まずは自分から良いものにしていこうと、心がけましょう。
そうすれば、あなた自身、快適になり、生きやすく、
そこで過ごしやすくなることでしょう。
そのとき、やって来たわらしちゃんにとっても、快適な空間となるはず！

4☆わらしちゃんがやって来たなら、いや、その前からも、

家庭内では、愚痴・不平不満・悪口・批判・ネガティブな会話・

怖い会話・気持ちが暗くなるような会話は、やめましょう。

ちなみに、わらしちゃんが、やって来るうんぬん以前に、
家庭の中で、いつでも、愚痴・不平不満・悪口・批判・ネガティブな会話・怖い会話・
気持ちが暗くなるような会話や、怒鳴り声や言い争う声が、行き交っているというのは、
よくありません。
そんなことが、日常茶飯事《にちじょうさはんじ》だというのなら、そりゃ〜、これまで、
〝福の神〟も、寄ってこなかったはずです。

とりもなおさずそれは、
マイナスのエネルギーであり、低い波動であり、
とてもじゃないけれど、わらしちゃんという〝福の神〟とは、
共鳴できない波動なのですから！

いつでも、大切な存在を家にお招きするというとき、どんな品物をさしあげたかよりも、もっと大切なことは、招いた際の環境です！　その家庭のムードであり、波動です！

そのことを、しっかり、覚えておきましょう♪

福の神がいる間の、家での過ごし方

いつものようにしていればいい？
いや、ある意味、勝手にこうなります

さて、幸運にも、「座敷わらしが、自分の家にも来た～!!」となった場合、そのとき、家の中で、どのようにすればいいのでしょうか？　どう過ごせばいいのでしょうか？
それについて、わたしの実体験で、お伝えしましょう。

おっと！　そんなことを言っても、わたし自身は、「視える・聞こえる・わかる」という人なので、わらしちゃんが自分について来たのかどうかや、家の中で、わらしちゃんが、どこにいて、どんな表情をしていて、何をしているのかが、すべて視える（見える）わけですが、ふつうの方には、まず、それ、見えていないわけで……。

それゆえ、そもそも、自分の家にわらしちゃんが来たかどうかを、どのように判断すればいいのか!?

お伝えせねばならないことは、まず、そこからかもしれませんが……。

とにかくですよ、あなたがどこかしら、座敷わらしに出逢えるという場所に行ったことで、わらしちゃんが、もし、あなたについて来たとするならば、あなたの心の中には、突如、なんともいえない、優しい、あたたかい気持ちがあふれ、大きな安堵と平和に満たされます!

と、同時に、どこから来るのかわからない、なんともいえない素敵な高揚感に包まれます!

その高揚感は、自分の胸の奥から湧きあがって来ているようにも思えるし、なにか、とんでもなく高貴な、神々しいエネルギーに、突如、包まれたかのような感覚でもあります。

そして、そして！　そのような気持ちや感覚やムードが来たとたん、「あっ、もう、この場所にいなくていい。早く、家に帰ろう」と、突如、家に帰りたくなります。とにかく、むしょうに、家に帰りたい気持ちになります。それゆえ、そうせずにはいられません。

その場所に行くまでは、そう、朝、家を出発するまでは、「あそこへ行って、帰りはどこどこでランチを食べて、帰ろうかなぁ～」などと、計画していたことも、どこへやら……。

そんな寄り道などする気もせず、お腹が空いてグーッと鳴っても、店に入る気にもなれず、それより、とにかく、「早く家に帰りたい！」という衝動にかられます。

実際、わたしはそうなりました。

それこそが、「早く、おばちゃんの家に行きたい♪」という、わらしちゃんの気持ちというか、エネルギー現象でもあったのです！

それで、ですよ、わらしちゃんが、あなたの家について来たかもしれないとしたら、まず、前項からあれこれお伝えしてきたように、事前に準備しておいた、「わらしちゃん専用」のおもちゃとお菓子のある快適なスペースにお連れしてください。

「わらしちゃん、おうちに着いたよ～。さぁ、ここでゆっくりしてね♪」などと、優しく言葉をかけて。

そして、コップに、水かジュースを入れ、わらしちゃんのテーブルに置いてあげてください（ほぼ、これ、お供えのような。それは、10分くらいで、さげていい。あとは、自分が飲むか、キッチンに流すわけですが）。

もし、あなたの家に、同居する家族がいるなら、まず、「わらしちゃんが来ましたよ～」と、目には見えない姿ではあるけれど、やって来たわらしちゃんを紹介しましょう。

いや、場合によっては、この行為、いよいよ頭がどうにかなったのかと、家族に誤解される懸念もありますが……。まぁ、わたしの場合は、家族は、そんなことで、もう何も驚きませんがね。

誤解を招きたくない場合は、心の中で、そうつぶやく。

あなたの家に、仏壇や神棚がある場合は、そちらにも「わらしちゃんが来てくれました～。

よろしくお願いいたします」と、ごあいさつを、どうぞ。これも、心の中でつぶやくだけでいいです。

実際、わたしは、わらしちゃんを家に連れて帰ってきたとき、同居する家族にも、神棚や仏壇や、おまつりしているお不動さまや観音さまや弁財天さまたちにも、ご挨拶をしました。

ご挨拶しておかないと、わらしちゃんも、家族や神仏に遠慮してしまい、かわいそうなのです。すでに神仏がいる家庭の中に、入って来るというのはね。

それで、わらしちゃんが家に来たら、どうすればいいのか？

いや、あとは、ふつうに、おだやかに、家族仲良く、けんかせず、平和な日常を、楽しい日々を、過ごすよう心がけるだけでいいのです。

また、楽しい話題や、うれしいことを話す、そんな明るくハッピーなムードを、習慣的に、どうぞ♪

と、そんなことを細かく言わずとも、**本当は、わらしちゃんが家にやって来ると、家の中の空気感が、バキッとなり、スーッと爽やかな風が通ったような爽快感を放ち、なんだかいきなり、優しく美しい波動の環境に変わります！**

しかも、そこからは、家族といつものような、しょーもない愚痴や小言を言い合う気にもならず、おだやかにいさせてね♪　という気持ちに、勝手になりますし、おだやかに、あたたかく、平和に、気持ち良く、安堵して過ごしたいという気分でいっぱいになります！

そして、なんだか、幸せな気分になります♪

それこそが、〝幸運を呼び込む福の神〟である、わらしちゃんが家にやって来たときの、最初の、恩恵なのです！

あなた自身の気分や、家の中の気が変わり、すべての波動がより良く変わったかのよう

になり、そのときから、何かが起こります‼

あとは、ふつうに、いつもの日常のことを淡々とし、すべき仕事をやっていればいいのです。特にいつもより、仕事を張り切るとか、営業をひろげるとか、そんなことをする必要はありません。

というのも、ふつうにしていても、なぜか、ふつうではないような幸運な出来事が、突如、やって来るようになるからです！

そのやって来た幸運な出来事が「わらしちゃんのおかげだ！」というのは、すぐにわかります！

というのも、そんなこと、ふだん、ありえないよねぇ～、そんなこと、これまで起きたことないよね～というような、不思議な、驚くような流れで、何かがいきなり、いい形になったり、うれしい規模で成り立つことになるからです！

そう、人智《じんち》ではあらかじめ予想することができなかったような、幸運現象が立て続けに起こるわけです。あるいは、何かが復活を遂げたような、パワフルな状態になったりします！

まさに、それこそが、〝幸運を呼ぶ福の神〟である、わらしちゃんの神秘と奇跡に満ちた素晴らしい偉力!!

ちなみに、わらしちゃんが来たら、本当に、いつものようにふつうにしていてください。

まちがっても、おかしな願い事をしたり、何かを要求したりしないでくださいね。そんなことをしたら、去っていくことになるかもしれません。

必死の懇願も、エゴに満ちた強欲な要求も、人や、神の、まゆをしかめさせるだけでしょう。

そうではなく、
「わが家に来てくださって、本当にありがとうございます」という、
よろこびと幸せの気持ちを、
「おかげさまです」「ありがとうございます」という、
感謝の心を、ささげましょう♪

「座敷わらし」が去ってもなお続く☆幸運招来の秘密

いいことをキープできるのは、なぜ？
わかっておきたい大切なこと

さて、巷《ちまた》では、座敷わらしが家に来るといいことがあり、座敷わらしがその家からいなくなると、運気が落ちるなどと、そんなことを伝えているような情報が時々あるものです。

しかし、実際に体験したわたしの感想はというと、

「そんなこと、ないよ」ということです。

確かに、座敷わらしちゃんがわが家に来たとき、直後から、立て続けに、考えられないような不思議な物事の流れと起こり方で、いいことがたくさんありました！

そう、大きな仕事や申し込みや契約やお金そのものが、ふだんではありえないような形

で、うそみたいに、突如、連続的に、たくさんやって来たりして♪

しかし、**わらしちゃんが去ったあともなお、いい状態はキープされているように感じることが、ずいぶん長く続いています。**

それは、なぜ？

それについて、わたしは思い返してみました。

そして、もしかしたら、こういうことをしているから、わらしちゃんが去ってもなお、いい状態をキープできているのではないか？　と思うことがありました。

それは、〝心の中でわらしちゃんを思い出していた♪〟ということです！

日常の中で、わらしちゃんの可愛いお顔を思い浮かべ、ほほえましく感じ、心をあたため、優しい気持ちになるたびに、「ありがとう」と、感謝していたのです！

そうやって、思い出すだけで、わらしちゃんがそこにいるのと同じ幸せな気持ちになり、そこにわらしちゃんの素晴らしい豊かな波動が再来し、その自分の居場所が、状態が、すぐさま満たされるのだということを、わたしは発見したのです！　そして、そこから、幸運を呼び込むことになっていたのだと！

もし、座敷わらしがいなくなったとたん、何かがドーンと落ち込む状態になったという人がいたとするならば、もしかしたら、それは、「ああ……もう、いなくなってしまったのかもしれない。どうしよう!?」と不安になったり、「座敷わらしがいなくなると、不幸が訪れる、怖い!!」などと、そんな不安と恐れを抱いたりするから、そのマイナス発想の波動で、マイナス現象を、自ら引き寄せていたのではないでしょうか。

しかし、そんなことの真相は、本人に、聞いた方が早いかもと、わらしちゃんに、わたしは聞いてみました。

すると、わらしちゃんいわく、

「わたしたちがいなくなったあと、不幸になるなどというようなことは、決して、ありません。わたしたちはご縁を持って出逢った方々に、よろこびと感謝と幸運をお贈りすることはありますが、その方を苦しめるようなことなど、一切、いたしません。

物事が静かになったと感じるとするならば、その方、本来の状態に戻っただけなのです。

しかし、そこからこそ、その方の、〝生きる姿〟が大切になってくるというものです。

すなわち、わたしたちがそばにいようがいまいが、よろこびと感謝を持って生き、かかわる人を大切にし、自分の人生を大切にしていくことが、なによりもの幸運につながるのだと、知ることが重要なのです。

それを知った者たちは、その後もなお、いや、それまで以上に、大いに豊かに、繁栄し、本当の幸福に至ることになりましょう！」

と。


さて、最初、わたしの家に来たときのわらしちゃんは、４歳くらいの幼い子どもでした。が、昇天し、天に帰ったあとは、あちらの世界で落ち着いたのか、とても成長しており、大人になったかのようでした。

なにか聞きたいことがあり、呼び出した際には、いつも、このように、しっかりとした口調で、大切なことを教えてくれます。

いよいよ、頼もしい、わらしちゃんです♪

Chapter 4

恩恵を受け取る☆
それは、ただ、与えられてしまう♪

あなたはいつも愛され、守られている☆
そして、幸せに満たされていく

奇跡の展開!!☆「座敷わらし」のいる店舗を借りた女性の話

心の豊かさが要《かなめ》☆
あちらにはそれ以外、みかたになる理由はない!?

ここでは、もうひとつ、〝座敷わらしちゃんがくれた幸運♪〟についてのエピソードをお伝えしましょう。それは、素直で、優しく、直感的で、さっぱりしていて、気立てのいい年下の友人Kちゃんの30代の頃にあった話です。

かつて、Kちゃんは、ある大手のエステサロンに勤めていました。大手だとつぶれないから安心かもと。

しかし、配属された店舗では、コース契約を強引に行うことが日常茶飯事で、一人一人のお客さま、1回1回の単発施術を楽しもうとするお客さまに対する、対応やサービスがあまりありませんでした。

どちらかというと、コース契約をしていない顧客を、店全体でなんだか雑に扱うような傾向すらあったのです。

Kちゃんは、それがイヤでなりませんでした。

「もっと一人一人にゆったりくつろいでほしいし、しっかり癒してあげたいし、きれいになって、よろこんでもらいたいのに……」と。

そんな不本意なムードの店の中でもKちゃんは、一人一人に心をこめて施術していました。初めて来てくれたお客さまは、みんな、Kちゃんを気に入って、「また、来るね♪」と言ってくれるのでした。

しかし、店長は、施術が終わったKちゃんをつかまえては、「コース契約しないと許さないからね！」と耳打ちしたり、個室にお客さまをかこい、強引に高額のコース契約を進めるのでした。

そんな、高圧的な店長を誰もがイヤがり、お客さまが来なくなってしまうのでした。そして、誰も来なくなると、よけいに、店長は焦り、なんとかしなくては‼　と、さらに強引なやり方を募《つの》らせていくのでした。もう、悪循環。

優しくあたたかくおもてなしすれば、ずっと来てくださる方ばかりなのに……。

なんと、もったいないことを……。

そして、ついに、Kちゃんは、「このようなタイプのお店も、あの店長も、わたしには合わない！　心で仕事をしたい自分には、あんなやり方は、向いていない！」と、そこを辞めたのです。

辞めたといっても、Kちゃんに、次のあてはありませんでした。何件か面接に行っても、いまひとつ乗り気になれない会社ばかりで。

しかたなく、Kちゃんは、しばし、心と体を休めつつ、ゆっくり次の仕事を探せばいいかと、思うことにしたのです。

そんなある日、たまたま遊びに行った友人の家の近くで、「空室」の看板を出している小さな一戸建てタイプの店舗があるのに、気づいたのです。

「わぁ、こんな住宅街の中に、お店がやれるような物件があったんだ……。
駅からは遠いのにねぇ……まぁ、静かでいいかもしれないけれど……。
あっ、そうだ！　勤めに行くのではなく、わたしには技術があるのだから、こういう小さな物件を借りて、ひとりでエステサロンをやればいいのかもしれない！
とはいうものの、ひとりでやったところで、お客さまは来てくれるのだろうか……」

しばし、Kちゃんは、その物件の前で、立ち止まって考えていました。そのまま家に帰ろうともしましたが、なぜかこの物件がむしょうに気になるのです。

なぜ、気になるのか!?

なぜ気になるのか、自分にはわかりませんでした。なぜなら、駅からはかなり遠く、住宅街の中にあり、ひっそりしていて、パッと見てお店だとは気づきにくいような感じだったのですから……。

それなのに、なぜか、中が見てみたい!! その衝動がおさえきれず、看板にあった番号に電話してしまったのです。

「いま、通りかかって、物件を知ったのですが、借りるかどうかわかりませんが、中を見ることはできますか？」

「もちろんです！ 当社は駅前にあるので、すぐにうかがいます！」

電話のあと、物件の前で待つこと20分。担当の方がようやくやって来て、内見することに。

ドアを開けてもらい、靴をぬいで、中に入ろうとしたとたん、その担当の方が、後ろから、こう言ってきたのです。

「お客さま、ラッキーですよ！ ここは、やっと空いたんです！ 前の方はこの物件でとても成功し、大きなビルに移転することになり、ここを出られたばかりなんですよ！」

「へぇ～……成功……こんなに駅から離れているし、ひっそりとした住宅の中にあるのに……それでもお客さまが来たんですね、その方のお店」

「そうなんですよ。わたくしどもも話を聞いて、へぇ～、そうなんだと、意外に思ったほどで（笑）。さぁ、どうぞ、ゆっくり見てください」


そういってうながされて、奥の部屋に行くと、Kちゃんは、なぜか、突然、なんとも言えない、うれしい気分になり、高揚感があふれたといいます。

〝わぁ、わたし、なぜ、こんなにうれしい感じがするの？　まだ、借りるとも決まっていないのに……〟。そう思ったそうです。


そして、Kちゃんが、なにげなく、目線を上にあげたとき、

「あっ!!」

とても驚いたといいます。

なぜなら、その部屋の壁の高いところに取り付けされていた木のディスプレイ台のところに、4、5歳くらいの男の子が見えたからです！

その男の子は、ニコッと笑って、Kちゃんを見たかと思うと、小さな手で、手招きしたのだと!!

その男の子は、肌は色白で、髪は黒く、うすいブルーの洋服を着ていたといいます。

その子どもを見た瞬間、〝あっ、座敷わらしだ!!〟と、直感的にわかったといいます。

もちろん、案内してくれているスタッフの方には、きっと、それは見えていない。しかし、Kちゃんには、はっきり見えた（視えた）のです！

そして、思わず、「ここを、契約します!!」と、言ってしまったのです。

そこから、不思議なことが、立て続けに起こったのです！

まず、その日のうちに申し込みをし、審査をしてもらうことに……。

それゆえ、早々に、借りるための資金を用意しないといけないと思っていると、その物件の審査をしている期間のある日、知り合いの会社の社長から、食事に誘われたのです。

そこで、なにげなく、「自分でエステのお店をすることにしたのよ」という話をしたところ、社長はちょっとあわてたように、こう言ってきたのです。

「いや、実は、手伝ってほしいことがあったんだ！　その店の開店日までもいいから！」と。そして、介護施設の方のケアや送迎を頼まれ、手伝うことになり、後日、そのアルバイト料をもらったのです。

その金額は、物件の初期費用を払えるほどのもの！

また、エステ用の商材やマシンを何とかしなくてはならないと思っていたところ、5年ぶりの友人からの電話で、すべてその方に用意してもらえることになったというのです！

話によると、その方は、Kちゃんと会っていなかった5年の間に、美容商材を取り扱う会社の代理店になっていて、Kちゃんがエステをするためのものなどを、たやすく準備、提供できたというのです！

そうして、入居までのすべてをスムーズに終え、ひとりで、サロンをオープンすると、まだ、チラシひとつ配らず、宣伝もまともにしていないというのに、偶然通りかかってお店を見つけたというお客さまが、毎日ひっきりなしに来たといいます！

Kちゃんは、うれしくて、うれしくて、それは、それは、来てくださったお客さま一人一人を、心をこめて、家族のようにあたたかく迎え、施術しました。

そして、毎日、毎日、「ありがとうございます」という、感謝の言葉を唱えてから、お店を開け、帰るときもそうしてからお店を閉め、帰宅したのです。

とにかく、そこから、うそみたいに、お店は、連日、大盛況!!

そして、Kちゃんは、なんと、ひとりで始めたサロンで、年収３０００万円を売り上げるまでになったのです！

しかも、それは、なんと、10年間も続き、かなりのお金も貯金できたのです！

Kちゃんは、きゃしゃなその身で働いた証《あかし》として、大きな豪邸を建て、外車にも乗れる暮らしを叶えたのです♪

偶然見つけて、気になり、内見した、あの、座敷わらしのいる物件で!!

そんなKちゃんは、わたしが自分の視た座敷わらしの話をした際、自分が視たものについても、こう話してくれました。

「なみさん、わたしの店にいたあの男の子は、まちがいなく座敷わらしなの！

あの子も、巷《ちまた》で言うような着物など、着ていなかったのよ！

うすいブルーのシャツを着ていて、下はよく視えなかったけど、いつも、上半身だけを見せて、現れていたの。いつも、部屋の壁のディスプレイ台のところにいてね……

それでね、不思議なのがね、その男の子がニコッとこっちを見てほほえんだ日は、予約がたくさん入ったり、コスメ製品や美容器具が勝手に売れて、とにかく、突如、大きなお金が入ってくる流れになるのよ！」

そんなKちゃんですが、10年目を過ぎたある日、Kちゃんは、この物件を出ることになったのです。

それは、あることがあったからです。

そのあることとは、10年目を過ぎたある日を境に、彼が、そう、あのブルーのシャツを着た男の子が、座敷わらしが、姿を見せなくなってしまったのです。

座敷わらしの不在が何日か続いたとき、Kちゃんは、こう思ったといいます。

「ああ、わたしがここですべきことは、すべてやり終え、わたしに与える分のすべてをあの子はわたしに与え尽くしてくれたということかもしれない……。

この物件は、また、別の人に、バトンタッチしなくてはならないのかもしれない……きっと、独り占めしちゃ、いけないんだ……。

幸せと豊かさは、循環させなくちゃいけないんだ！

わたしはもう、じゅうぶんすぎるほどの楽しいお仕事と豊かな日々を、あの座敷わらしの男の子に与えてもらったから、ここを出て行く日であることを知らされているのかもしれない……。

いや、でも、本当に、出て行く必要がある？　せっかくひとりで始めた小さなお店、小さな宝物の場所なのに？　自力のみでやっても良くない？　やめる？」

結局、Kちゃんは、座敷わらし不在から、1週間で、店じまいをし、そこを退去したのです。

しかし!!　Kちゃんの運命は、そこでそのまま終わったのではありませんでした！

座敷わらしは、必ず、置きみやげ♪　を、プレゼントしてくれるものです！

退去した日、早々一本の電話が入ったのです。それは、この物件を借りる際に、仕事の依頼と大きな報酬をくださった、あの太っ腹の社長からでした。

電話に出ると、驚いたことに、社長は、こう言ったそうです。

「どう、忙しい？　でも、ぼちぼち、サロンを辞めて、僕を本格的に手伝ってくれる気はない？　実は、もうひとつ、別会社を出すことになって、君にそこの社長をまかせたいんだけど……」

「えっ!?　本当ですか！　実は、わたし、店をやめて、時間もこの身も空いたばかりなんです!!　ぜひ、やらせてください！　会って、もっと詳しくお話を聞かせてください！」

そんな不思議な展開で、小さなお店をしていたKちゃんは、いま、大きな会社の社長です♪

ついた人に〝置きみやげ♪〟を与える理由

神だからこそ、人をよみがえらせる！☆ 涙あふれる、ありがたきご配慮に感謝

実は、座敷わらしを見たわたし自身や、友人Kちゃんの他に、あとひとり、座敷わらしが家に住みついたことで、女ひとりでビルが建つほどの成功をした人を知っています。
また、座敷わらしとご縁がつき、そのおかげによって、世の中から消えていたのに完全復活し、以前にも増して活躍している芸能界の方も、何人か知っています。

その中で、発見した共通点があります！

それは、**やはり、座敷わらしはその人についたとたんから、連続的にありえない幸運を与えてくれるということであり、ひとつの大きな用が済んで、ついた人から去る際には、**

ちゃんと〝置きみやげ♪〟まで、してくれるということです！

その際には、それまでのその人の人生が、前にも増して良くなっているということです！
そう、新しい仕事やより良い人生をごく自然に叶えていけるようになり、そこから、素晴らしい飛躍をしているのです！　そして、その後、高い意識レベルの中で、その人自身のミッションを叶え、人生はとても好ましい状態で、落ち着いているということです。

しかし、誤解のないように！

座敷わらしが、〝置きみやげ♪〟をする際の、最も尊い贈り物は、本当は、お金でも、成功でも、ありません。

その、〝置きみやげ♪〟の、最も尊い贈り物は、大切なことへの「気づき」です!!
それを通して、その人自らの内で起こる、より良い「変化」です！

それによって、その人が、もう一度、純粋な気持ちに戻ったり、素直になって自分をみつめなおしたり、無邪気さを取り戻したりして、ピュアでクリアなエネルギーになっていくことこそ、重要な贈り物なのです！

また、その人が、初心に帰って大切なものをつかんだり、自分自身の真価や、自分がやろうとしていることの真価を知ったり、より良い形で自分を生かしきって生きることの大切さを知ったりすることです。

そして、その中で、これまで自分を生かし、支えてくれていた、まわりの人たちに対する、本物の感謝の気持ちを知ることになるわけです！

ちなみに、この本物の感謝には、その人なりの、尊い気づきと、謙虚な〝懺悔《ざんげ》〟が、必ず、入っているものです。

「ああ、自分のこういうところが良くなかったのかもしれない。改善しよう」「すべては自分から起こっていたんだなぁ」「自分を正せば、すべては自然に良くなるのだなぁ」などと。

その、素直な心から生まれた、謙虚な〝懺悔〟があってこそ、感謝が生き、感謝が口先の言葉だけでなく、ちゃんと行為や態度として、表れる人になるのです。

そして、おかげさまの精神や、ありがたみがわかり、優しく、あたたかく、謙虚な人となり、〝福の神〟に愛される人になるのです。

また、時には、その人自身は、最初から、真心から、高い志《こころざし》から、自分のミッションを貫こうと、仕事や、やるべきことをやっていたのに、かかわった他者や会社のまちがった戦略やエゴの計画や未熟な仕事のやり方で、道がそれた、失墜させられたというようなとき、その人の仕事をいったん、ピタッとやめて、まちがったまま先に進むのを防いでくれることがあります。

それも、ある意味、幸運現象のひとつです！

そして、そこから、その人のミッションの本筋を狂わせるまちがった他者や会社のかかわりがまったくなくなったとき、「いまだ！」というかのように、〝福の神〟はつき、その人を元の良い状態に、正しかった進み方に、戻すべく、さらに、飛躍させるべく、あたたかく誘ってくれることがあります。

とにかく、どんな場合でも、こちらの望む・望まないに関係なく、〝福の神〟は、必要とあらば、自然に、その人につきます！

「福の神は、座敷わらしは、どこにいるのだ!?」などと、探しまわらずとも、追いかけたおさずとも。

さて、座敷わらしという〝福の神〟は、本当は、その人にお金や成功を与えたかったのではなく、その人自身の素晴らしさに気づくチャンスを、新たな気持ちで立ち上がり、前に進むチャンスを、与えたかったのです！

その、尊い贈り物の素晴らしさを思うとき、自然に涙があふれてきます。そして、本当の幸せと繁栄は、いつも、自分の足元にあったのだと気づかされ、感動だらけになるものです。

どうすれば、「座敷わらし」のいる幸運物件に出逢える？

いつでも、幸せ側に誘われる、そんな、誘いやすい人でいてください

さて、『「座敷わらし」のいる店舗を借りた女性の話』のエピソードを読んだ人の中には、「わたしもそんな幸運物件を借りたい！　Ｇｅｔしたい！」という人や、「どうすれば、わらしちゃんのいる幸運物件に出逢えるの？」と、聞きたくなる人もいるかもしれませんね。

しかし、それについては、なんなら、こちらが聞きたいくらいです（笑）

それは、出逢うべき人が、出逢うべくして、自然にめぐり逢うことになっていたものであり、こちらから、その物件を血眼《ちまなこ》になって探すのは、難しいでしょう。というのも、そ

れは、自然、かつ、必然的に、誘われるものですからねぇ～。

たとえば、**「ここに、座敷わらしがいるよ！」と、どこかの場所を聞いて、興味を持って行ったところで、あちらがこちらに興味を示さなければ、姿を現すことも、ついて来ることもないでしょう。それが、何かしらの物件であれば、契約するまでにも至らないでしょう。**

「ああ、じゃあ、自分には無理なのか……」と、ふてくされる必要はありません。チャンスは、あります♪　あなたの心掛け次第でね。

そのためには、あなたにも、ある特徴を、たずさえていただきたい。

それは、何？　お伝えしましょう。

実際、わたしが、座敷わらしのいる旅館や、座敷わらしが家に来た人、座敷わらしが家に住んでいるという人を知っている限りで思い浮かべたら、そこには、ある共通の特徴的なものがあったのは、確かです。

その特徴とは？

それは、明るく、天真爛漫《てんしんらんまん》で、無邪気で、とても優しく、親切な人であり、日頃から、すすんで善《よ》いことしている人である！

ということです。

また、損得ぬきで、心から人とつながることができる人であるということです。

「えっ？ たったそれだけ？ そんなことでいいの？」と思わないでください。

あるいは、逆に、「なんだ、そんなことか、もっとすごいことを教えてくれると思ったのに!!」などと、バカにしないでください。

シンプルなことほど、人はちゃんとできないものであり、シンプルなことほど、人によって、その良しあしに、大きな差が出るものだからです！

しかも、その特徴的な要素は、とても重要な要素です！

考えてもみてくださいよ、その反対を！

優しくない、親切でない、エゴと計算ばかりで心のない人など、誰も好きではないでしょう。福の神も、同じです。

人にも、福の神にも、運にも、好かれ、愛され、慕われる人というのは、自然に、優しい、親切な、心ある人になっているもので、好きにならずにはいられない、惹かれずにはいられない、「なんともあたたかく、心地よいから、この人とずっと一緒にいたい♪」という人に、なっているものです。

そして、そうあるからこそ、人にも、福の神にも、運にも、慕われ、自然に、より良いものに誘われ、より良い方に導かれ、自然に行った先で、幸せに豊かになってしまうのだということです。

それゆえ、その人たちのたずさえている特徴を、自分もまた、よろこんでたずさえるなら、もちろん、座敷わらしがいる物件にも、出逢うことがあるでしょうし、福の神にご加護いただけ、うれしい恩恵を受け取ることにもなるでしょう♪

しかし、何でもそうですが、よこしまな、なんらかの目的のためだけに、いつもはそうではないのに、1日だけ、あたかも親切な人であるかのように化けてふるまうのと、本当にいつも親切な優しい人でいるのとでは、雲泥の差があるものです！

それは、何かを買いにどこかのお店に行ったときに、店員さんが、親切そうなふりをして、つくり笑顔をして、そのわりに目だけ怖いというのと、本当に優しく親切で、まなざしが優しいものであふれているという人では、まったく違うとわかってしまうのと、同じです。

もう、この〝まなざし〟の真実などは、生後間もない赤ちゃんでさえ、見分けるという実験データもあるほどで。

その場だけ、とりつくろっても、人にも、神様にも、すぐに見破られてしまうもので、バレていないと思っているのは、自分だけです。そこが、愚かな点でもあるわけですが。

たとえば、それは、昔話の中でも説明がつくものです。

大判小判のある場所を、いつも優しいおじいさんに教えてあげたいと、「ここを掘ってみて♪」とワンワン鳴いたポチの話のようなもの。

おじいさんが、日頃から、心からの優しさでポチを可愛がっていたから、ポチもそんなおじいさんが大好きで、なんとか恩返しをしたいと、宝物のある場所へと誘ったわけです。

しかし、それを知った、隣の家の強欲じいさんが、ポチの首輪を引っ張りたおして、無理やり、「ほら、どこにお金と宝物があるのか教えろ!!」と言ったところで、そうはいかないのです。ポチは、そんな人には、ウーッとうなって、かみつくだけです。

いつでも、わかっておきたいことは、本当に優しい人、親切な人、あたたかい心のある人でいることこそ、宝物と財産を生み出すものであり、福の神と共鳴するものだということです！

本物の優しさは、愛は、いつでも、必ず、あなたを良いものに、誘います！

もしかして、この人こそ、〝福の神〟!?

あなたのそばにもいる☆
会うだけで、なぜか運が良くなる、すごい人

さて、座敷わらしそのものではなく、座敷わらしのような人＝福の神タイプの人は、よくよく見渡せば、自分の友人知人や、会社の中や、取引先にも、いたりするものです。

もしかして、よく考えたら、「それって、わたしだわ♪」ということもあるでしょう。

ここでは、自分のまわりや会社にいる、座敷わらしのような人＝福の神タイプ、つまり、人に、よろこびや幸せや運の良さを与える人について、お伝えしましょう。

〝福の神〟とは、文字通り、福を呼ぶ神です。が、誤解のないように言っておきますと、いまから伝える特徴のあるその人が、「神」であるということでは、ありません。

その人は、あくまでもみんなと同じ、人間です。

が、次にあげるような特徴のある人は、〝福の神〟のような人となりますし、福の神も好んでつき、福徳を与えます。

そうなることで、その人自身が、まるで〝福の神〟そのもの!! のような、幸運を呼ぶ人になるわけです。

そして、たいがい、その人に会うと、なぜか、良いことが起こったり、運が良くなったりするものです♪

というわけで、ここでは、その、〝福の神〟となる人の特徴をみていきましょう。

《こんな人こそ〝福の神〟☆その特徴は、これ♪》

1☆その人が、待ち合わせの場所にやって来ると、あるいは、部屋に入って来ると、その場が、突然、パーッと明るくなり、それまでとは空気が変わり、爽やかで、クリーンで、浄化されたようになる！

2☆その人がいる場は、なぜか、まぶしい光で包まれたように、明るく見える！
「オーラ、半端なくすごいんですけど!!」と思うし、光を感じるしかない。
まわりの景色やムードも、ガラッと変わり、引き上げられ、
そこのムード全体が、いきなり良いものになる！　波動が上がる！
他の人まで光り出す！

3☆会った瞬間、無条件にうれしくなる♪　素敵な高揚感で満たされる♪
また、その人と会える!!　というだけで、まだ、会ってもいないうちから、
楽しみでならず、よろこびが込み上げ、うきうき、わくわくする♪

4☆会うと、やっぱり、元気になれ、励まされ、勇気とパワーをもらえ、
「明日から、また、がんばれそう！」と思える。
また、会うたびに、癒され、ほっと安堵《あんど》し、
「何があっても、大丈夫！」と思わせてもらえる。

5☆会うたびに、自分が高められ、自分の自信を取り戻せ、
「こんな自分にも、何かできそう♪」と、思わせてもらえる！
そして、夢も願いも、何でも叶えられる気にさせられるし、
実際、そういうパワーをもらえる！

6☆その人のところには、いつも人が集まり、寄りたがり、話を聞きたがり、
笑顔や笑い声がたえず、会うとたちまち元気になるし、復活できる！

7☆その人と組んで仕事をしている人やチームは、よく笑っている。
また、明るく、楽しんでいるだけに見えるのに、
かんたんに、うまくいっている。

8☆その人といると感動の渦に巻き込まれ、自分も何かをやりたい!! と、
夢や希望がわいてきて、いてもたってもいられなくなるほど、

エネルギッシュになれ、運まで良くなる！
そして、実際、望んでいた何かが良い形で叶ってしまう♪

9☆その人と飲食店や、洋服屋さんなど、どこかのお店に一緒に行くと、それまで誰も入って来ていなかったガラガラの店内に、突如、うじゃうじゃお客さんが入って来て、満席になったり、外に人がたくさん並び始める！

10☆その人に会って、ただ、楽しかった♪　だけなのに、その日から、なぜかやたらと、内側から大きなエネルギーがわいてくる自分に、驚く。

11☆その人に会うと、なぜか、やたらと、良いことが起こる！
望んでいたチャンスが突如やって来たり、会いたい人に会えたり、やたらとお金まわりが良くなり、超ハッピーになれる♪

とにかく、このような人と一緒にいると、「わあ、この人、福の神だ！」と、思わずにはいられないような不思議なハッピー現象が、多々起こるものです。

特徴がたくさんあるわけですが、ここにあげたすべての特徴を覚えられなくても、一瞬で、福の神である人を見分けるコツが、あります。

ズバリ、それは、〝とにかく、明るい!!〟ということです！

明るい光こそが、自分を光らせ、まわりを光らせ、その光によって、福を授けてくれる神を呼び込み、幸運を引き寄せるものだったのです！

無縁でいたいもの☆それは、何⁉

イヤなものを呼び込まないように！
神を呼ぶまえに、自ら遠ざけるな

前項では、〝福の神〟とも呼べる人の特徴について、お伝えしました。

その特徴を持っている人は、その人自身〝福の神〟であるかのごとく、自分もまわりも幸せにするものだと。

そして、実際、〝福の神〟に愛され、ますます幸せに豊かになっていくのだと。


しかし、ここでは、その反対の〝貧乏神〟について、お伝えしましょう。


それをお伝えするのは、**〝自分がそうならないようにするため〟です！**

決して、「あっ、あの人が、貧乏神だわ！」と、他人のことを指さすためではありません。

その〝貧乏神〟とは、どういうタイプの人なのか、どんなふうだと不本意にも〝貧乏神〟に好かれてしまうのか？

ズバリ、それは、ひとことでいうと、暗い人です。といっても、ただ、性格的に暗いというだけでは、〝貧乏神〟とはいえません。

〝貧乏神〟というのは、ど～んと重たく暗いものを抱え、人を落ち込ませるようなイヤな空気を放っているものであり、とにかく陰気で、ジトッとしていて、ねちねちと執拗《しつよう》にネガティブな言葉を吐き続けたり、人が不快に思うことばかり言ったり、したり、しがちなタイプの人です。

そうやって、明るい人、まぶしい人を、やっつけたがります。

なぜなら、そもそも、〝貧乏神〟というのは、光がまったくない闇の世界や、暗くて、ジトッと湿っていて、陰気でネガティブなものが、大好きで、明るいものや、光が大嫌いなわけですからねぇ〜。

それゆえ、明るいものや、光には、「目障りだ!!」といわんばかりに、その明るさや、光を、かき消したがるわけです。

かき消すには、思い切り自分から暗いものを放ち、まわりを落ち込ませるのが、〝貧乏神〟にとっては、いちばん手っ取り早いからです。

そして、その際、明るい人が、暗い自分の出現によって、ど〜んと気分を落ち込ませた際に、放出されたそのエネルギーを拾って、食べて、吸収して、成長しているのです。要は、自分以外の者がみんな、落ち込むことが快感なわけですよ、〝貧乏神〟というのは。イヤな奴ですねぇ〜。

たとえば、〝貧乏神〟タイプの人が部屋に入って来ると、それまでみんな、笑ってなごやかにしていたのに、その人が部屋に入って来たとたん、いや〜な重たい暗い陰気な空気やムードになり、みんながど～んと落ち込まされ、不快で、だるくて、たまらず、逃げ出したいと感じるものです。

実際、席を立って、みんな逃げ出すものですがね。そういう陰湿な人が登場したら。

たとえば、そういう〝貧乏神〟的な性質を、知らずとも持ってしまっている人というのはいるもので、そういう人は、たいがい、暗く、重く、陰にこもっていて、ジトッとなにかを陰湿に考えているような感じがあり、「うわ、こわっ！ そういうふうに、人の言葉や物事をネガティブにとるんだ」と感じるところが多々あるものです。

人の言葉にいちいち暗い取り方でつっかかってきて、ねちねちとしつこくネガティブな言葉を吐き続け、貧しい考え方や、ひねくれた物の取り方をし、人を完全に落ち込ませる名人です。

そういう人は、〝貧乏神〟に気に入られがちに！ それって損ですよねぇ～。

結局、どんどん、自分の世界が暗くなり、運が悪くなるのですから！

とにかく、そういう人に会うと、人は、その人が部屋に入って来たとたん、「あっ、来た！」と、蜘蛛《くも》の子を散らすように、みんなどこかに行ってしまうわけです。

人は、誰も、暗くて陰湿なタイプの人とは、わざわざ仲良くしたいとは思わないわけで、それが仕事となると、同じチームになりたくないし、取引先だとしたら、取引したくない気持ちにもなるわけですから。

ちなみに、**避ける、逃げるは、人のする、一種の、防衛反応‼**

それは、ある意味、正しい状態なのです！　なんなら、それで、正解です！

もめて、争い、さらに運気が低下し、心身を完全にやられてしまうより、ましなわけですからねぇ〜。

人は、みんな、心というものを持っているがゆえに、いくらこちらが明るく親切に接しても、なにかと暗く、陰湿に、ネガティブな受け取り方ばかりされたら、たまったものでではありません。

自分の心が明るく快適に保てない人からは、離れていく習性があるのです。

ちなみに、誤解のないように言っておきますと、暗い人が悪いということではありません。〝そういう態度は、損ですよ〟というだけです。

さて、〝福の神〟は、人の心が放つ明るい光のエネルギーを感知するものであるがゆえに、できることなら、自分の明るさで、輝く心で、良いエネルギーを放ちたいもの♪

そう、誰が、〝貧乏神〟か、〝福の神〟かと、他人のことをさぐる前に、自分から、まず明るくなり、光を放とう！　まわりを照らそう！　神に光でサインを送ろう！

前項の「もしかして、この人こそ、〝福の神〟!?」で、お伝えしたような特徴を持つことで、「自分こそが〝福の神〟♪」という人になろう！

そうすれば、きっと、あなたは〝福の神〟のような人になり、〝福の神〟に愛され、ふ

つうにしていても、日常的に、幸運と豊かさを受け取る人になることでしょう♪

そして、やがて、自分のみならず、まわりの多くの人たちにも、幸運と豊かさをもたらす人になることでしょう！

〝無邪気さ〟という、素晴らしい宝物☆

わらしちゃんが、大人に最も伝えたかったこと、与えたかったものとは!?

この本の原稿を書き上げる日、わたしはまた、急に、とてつもなく、わらしちゃんを愛《いと》しく感じ、会いたいという、せつない気持ちで胸がいっぱいになっていました。

それで、あのとき、わたしの家からお不動さまと観音さまに見守られながら昇天し、いまは、もう、天という場所ですっかり落ち着いているわらしちゃんを、高次コンタクトのチャネリングを通して呼び出してみたのです。

「可愛い、可愛い、わらしちゃん♪
わらしちゃんは、いま、天界で、幸せですか?
わらしちゃん、教えてほしいことがあるの……

わらしちゃんは、いったい、どんな大人を好んでついていくのかな？

あのとき、わたしのおうちに来てくれたとき、とてもうれしかったよ♪

だけど、そこであなたは何がしたかったのかな？　したいことがあった？

わたしは、それをじゅうぶん、あなたにさせてあげることができましたか？」


すると、驚いたことに、あの可愛いわらしちゃんは、昔の戦争でそのとき共に亡くなった天国のお母さんと一緒に、手をつないで、わたしの前に現れたのです！

現れたわらしちゃんは、それは、それは、ニコニコとうれしそうにしていて、一緒に現れたわらしちゃんのお母さんも、安堵した安らぎで、優しくほほえんでおり、2人ともなんともいえない幸せそうな顔を見せてくれたのです。


その2人の幸せそうな姿を見たとたん、その、素晴らしい愛と光のエネルギーにふれたとたん、わたしは涙があふれてしかたありませんでした。

そして、この言葉しか、出てきませんでした。

「良かったね、わらしちゃん！　本当に良かったね、ママと一緒で♪」

わらしちゃんは、わたしが次の言葉を発するまで、ただ、黙って、ニコニコほほえんで、わたしを見つめていました。

そして、お母さんと手をつないでいない方の手を、なぜか、突然、わたしの肩に、ちょこんと置き、ふれてきたのです！

その瞬間、なんとも不思議なことが起こりました！

実は、わたしは、ここ連日、仕事がかなり忙しく、締め切りにも追われていて、寝不足で、とても疲労困憊《ひろうこんぱい》していたのです。が、わらしちゃんがわたしにふれたとたん、なぜか、体中の疲れが、突如、スーーーーッと、消えていったのです。

そして、その瞬間、わたしは、なぜ、わらしちゃんがわたしの肩にふれたのかが、一瞬で、わかりました！

わらしちゃんは、わたしの疲れをまっ先に取りたかったのです!! そうして、わたしが軽くなったところで、言葉をくれるつもりだったのです！

なんという、優しさ！ なんという、大きな愛のヒーリング力!!

そして、わたしは、ふわふわのあたたかい、優しい、癒しの光のベールに包まれたのです。

光のベールでわたしを包んで保護しながら、わらしちゃんは、こう答えてくれました。

「わたしたちは、無邪気な心のある大人についていきます。
わたしたちは、ただ、一緒に、遊びたかっただけです。
誰も助けが来ない、独りぼっちの中にいたので、
遊んでくれた人のことが、こちらも愛しくてたまりません。
そして、一緒に遊ぶとき、

その人にも、〝童心〟に帰っていただきたかったのです。

わたしたちは、誰かに何かを望んだりすることはありません。
わたしたちは、子どものような純粋無垢なエネルギーを受け取るとき、すぐさま満たされ、同時に、その人をも、満たすのです。

ここに置いていきたい言葉があるとするならば、子どもの頃のピュアな〝童心〟を、〝無邪気さ〟を、決して、忘れないでほしいということです。
それを、大切になさってくださいということです。
それが、その人の心を清め、大きく癒し、元気にかえるための秘薬ともなるからです。

〝童心〟の中にある〝無邪気さ〟こそが、その人を救う唯一のなぐさめとなり、人を根底から復活させることができるものだからです！

大人と違い、子どもは、疲れを知りません。

……それは、無邪気に、楽しく遊ぶからです。

ああ……初めて出逢ったとき、あなたはそのときも、本当は疲れていましたね。しかし、そんなことはもろともせず……


あなたは、とても優しかったのです。


そして、あなたに、ついていきました。

その先に何があるのかも、感じとりながら……

あの日、あなたは〝童心〟に帰り、

〝無邪気さ〟を取り戻しましたね。

一緒に遊んだことで、いや、わたしを迎える準備をしていたときから、本当は、あなたの童心に帰る旅、癒しの時間は始まっていたのです……

そして、共に、子どものような純粋なエネルギーで満たされましたし、その流れの中で、こうしてわたしは天に帰ることもできました。

それは本当にうれしく、幸せなことです。

魂の存在としての、大いなる究極の至福と安らぎがあるからです！」

わらしちゃんがそう言い終わると、ほほえんでいたお母さんの目から、大きな1粒の涙がほほをつたいました。そして、わたしにこう言ってくれたのです。

「どうか、あなたも、自分を大切になさってください。

……優しい人よ、わたしたちはいつまでも、見守っております」

と。

そう言い終えると、2人は、手をつないだまま、ほほえみながら、ゆっくりと天に戻っていったのです。

わらしちゃん、ありがとう！　尊い言葉と、優しい愛と光のエネルギーを！

そして、わらしちゃんのお母さん、ありがとう!!

あっ!!　そして、わたしは、わかったのです！

わらしちゃんのお母さんがくれた、その、あたたかく、優しい、まなざしこそ、わたしが小さい頃から母に求めていた、最もほしかった目であり、心であり、愛の絆《きずな》なのかもしれないと。

それを、その大切なものを、わらしちゃんのお母さんが思い出させてくれた！　こうして、亡き母に代わり、いまのわたしにくれた!!

わらしちゃんのお母さん、わらしちゃん、本当に、ありがとう！

感謝をこめた「あとがき」

座敷わらしがくれた〝あたたかい世界〟を、家庭の中に♪

いつも備えておきたいもの☆
それは、無条件に幸運をもたらす波動

そういえばと、思い出したことがありました。

「そういえば、このわらしちゃんがわが家に来たときと同じムードが、かつて、自分の家の中には、毎日、あったなぁ～」と。

それは、うちの子どもたちが、まだ小さかった頃のことです。

わたしは、赤ちゃんが大好きで、小さい子どもが大好きで、とにかく、早く、たくさん子どもがほしいと、20代で結婚し、すぐに3人の子どもを産みました。

赤ちゃんや、小さい子どもがいる家は、空気が澄んだもの、清らかなもの、神聖なものになり、ミルクの甘い香りがたちこめて、自然と、柔らかく、優しく、あたたかいムードを放つものです。

そのとき部屋は、まるで、〝天使がいる世界〟のようになってしまうもの♪

しかも、赤ちゃんというのは不思議なもので、ひとり、赤ちゃんが家庭の中にいるだけで、そこにいる大人すべてを、その家にやって来る人たちすべてを、無条件に、無言で、癒してしまう、すごい力を持っています。

そして、どんな人をも、自然とほほえませ、優しい人にしてしまい、どんな人もが、その赤ちゃんにふれたら、ずっとそこに居座りたくなるものです！

どうして、そうなるのか？

答えは、無条件に、瞬時に、癒され、清められ、高められるからです！

純粋無垢で、邪気のない、ピュアなエネルギーが、人の心を、魂を、一瞬で浄化し、引き上げてしまうわけです。

しかも、すごいもので、赤ちゃんというのは、ただ、そういう存在でいるだけで、まだ口もきけない状態であるのに、誰にも何もねだらなくても、すべての人の愛を無条件に受け取り、服を着せてもらえ、食事を与えてもらえ、おもちゃを与えてもらえ、善《よ》きものすべてを与えてもらえるわけです！

なにを隠そう！　この状態こそが、実は、座敷わらしが自分についたときに、自分に起こる現象なのです‼　そう、望まずして、すべての幸運を手にしてしまうという♪

ただ、純粋無垢な気持ちを持って、無邪気に、明るく、ふるまうことで、誰もが、赤ちゃんの頃の素晴らしいエネルギーと状態を再度持つことができ、その美しい波動を放つことができ、すべての善きものを無言で引き寄せてしまえるのです！

その状態になるだけで、幸運も、奇跡も、勝手に、訪れるようになります！

とはいうものの、大人になると、子どもの頃のような純粋さを、忘れてしまいがちに。
しかし、だからこそ、意識して、そうあることにつとめることも大切なのです。

それは、難しいことでしょうか？
いいえ、それがそうでもないのです。あることをすれば！

それって、何？

それは、あなたの家に子どもがいるのなら、その子どもたちの赤ちゃんの頃や、まだ小さかった頃の写真を、家の中の、すぐ目につくところに飾っておくといいということです！
また、子どもがいないという家は、自分が赤ちゃんだった頃の写真や、小さかった頃の写真を、すぐ目につくところに飾っておくといいのです。

その写真の中には、いつも、あの頃と同じ、ピュアで、澄んだ空気、無邪気な心、人やまわりを大きく癒す、あたたかい、愛らしい、優しい、波動があります！

日常的に、その波動に触れるたび、きっと、あなたは、知らないうちに、〝福の神〟に愛されるにふさわしい波動をまとった人になり、いつしか、可愛い座敷わらしにも、出逢うことになるでしょう♪

いつでも、純粋無垢な、邪気のない者こそ、すべてが通る者であり、かんたんに、幸運と奇跡と神を呼ぶ者となるのです！

２０２４年　６月

ミラクルハッピー　佳川《よしかわ》　奈未《なみ》

《佳川奈未　最新著作一覧》

★『佳川奈未の霊界通信☆』	ビジネス社
★『幸運を呼び込む☆「座敷わらし」の置きみやげ♪』	ビジネス社
★『宇宙は、「現象」を通してあなたに語る』	ビジネス社
★『「神様」は、こうしてあなたを導いている！』	ビジネス社
★『「白蛇さま」が教えてくれた☆お金に恵まれる生き方』	ビジネス社
★『「帝王学」をみかたにつける超☆開運法』	ビジネス社
★『あなたの願いがいきなり叶う☆「ヴォイドの法則」』	ビジネス社
★『「お金」は、スピードに乗ってやってくる！』	ビジネス社
★『人生が整う「ひとり時間」の過ごし方☆』	ビジネス社
★『自分の病気は自分で治す！』	ビジネス社
★『成功チャンネル』	マガジンハウス
★『幸運予告』☆世界一ハッピーなこれが本当の惹き寄せの法則	マガジンハウス
★『幸運Gift☆』☆作詞家&歌手デビューシングルCD付	マガジンハウス
★『「運命の人」は探すのをやめると現れる』	PHP研究所
★『望みのすべてを必然的に惹き寄せる方法』	PHP研究所
★『船井幸雄と佳川奈未の超☆幸福論』	ダイヤモンド社
★『運のいい人がやっている「気持ちの整理術」』	講談社
★『怒るのをやめると奇跡が起こる♪』	講談社
★『ほとんど翌日　願いが叶う！　シフトの法則』	青春出版社
★『ほとんど毎日　運がよくなる！　勝負メシ』	青春出版社
★『お金持ちが持っている富の循環☆スピリチュアル・マネー』	青春出版社
★『「いいこと」ばかりが起こりだす　スピリチュアル・ゾーン』	青春出版社
★『約束された運命が動きだす　スピリチュアル・ミッション』	青春出版社
★『あなたの意のまま願いが叶う☆クォンタム・フィールド』	青春出版社
★『あなたの内なる神の声を聞く方法☆』	青春出版社
★『「願い」はあなたのお部屋が叶えてくれる☆』	青春出版社
★『金星☆生命体レワードとの交信記録』	ヒカルランド
★『復活新版☆「宇宙銀行」から好きなだけ♪お金を引き出す方法』	ヒカルランド

※佳川奈未のその他の著書、個人セッションや講座等は、公式サイトをご覧ください。

★佳川奈未公式☆奇跡が起こるホームページ
http://miracle-happy.com/

佳川 奈未（よしかわ　なみ）プロフィール
作家・作詞家。神戸生まれ、東京在住。
株式会社クリエイティブエージェンシー 会長。
「心」と「体」と「魂」に優しい生き方を叶える！ 「ホリスティックライフビジョンカレッジ」主宰。

心の法則、大自然の法則、宇宙の法則をベースに、生き方・願望実現・お金・恋愛・成功・幸運をテーマにした単行本、文庫本、ムック、コミック、電子書籍、PODブック、DVD付ブック、トークCDなど、その豊富な作品数は、約380点。海外でも多数翻訳出版されている。

アンドリュー・カーネギーやナポレオン・ヒルの「成功哲学」「人間影響心理学」、ジョセフ・マーフィー博士の「潜在意識理論」などを30年に渡り研鑽。また、「易経」「運命学」なども研究。それらの学びと実践から独自の成果法を確立させ、「夢を叶える自己実現」「成功感性の磨き方」「幸せな生き方」「豊かになる方法」を展開。人々の理想のライフワーク実現のサポートに取り組んでいる。

執筆活動の他、ディナーショーや公演、講演、セミナー、トークショー、音楽ライブ、ラジオ出演、音声配信番組などでも活躍。エイベックスより「幸運Gift☆」で作詞と歌を担当し、作詞家&歌手デビューも果たす。デビュー曲はエイベックス&マガジンハウス夢のコラボCD付Book『幸運Gift』として発売。JASRAC登録作詞家。

精神世界にも精通。ホリスティックレイキ・マスター・ティーチャー・ヒーラー・エネルギーワーカー・チャネラー・超☆運命学鑑定士。2009年、高野山真言宗のお寺にて得度。僧命：慈観（じかん）。

慈善事業にも理解を示し、国内・海外問わず、印税の一部を価値ある団体に寄付し続けている。

また、主宰する「ホリスティックライフビジョンカレッジ」にて、個人セッション電話や各種講座を毎月開催。

近著に、『「帝王学」をみかたにつける超☆開運法』『「白蛇さま」が教えてくれた☆お金に恵まれる生き方』『佳川奈未の霊界通信☆』（以上、ビジネス社）、『復活新版「宇宙銀行」から好きなだけ♪お金を引き出す方法』（ヒカルランド）など、多数あり。

★佳川奈未公式オフィシャルサイト
『ミラクルハッピーなみちゃんの奇跡が起こるホームページ』
http://miracle-happy.com/

★佳川奈未　本とセレクトグッズの公式通販サイト
『ミラクルハッピー百貨店』HP
https://miraclehappy-store24.com/

★佳川奈未の個人セッション・各種講座が受けられる！
佳川奈未プロデュース&主宰☆心と体と魂に優しい生き方を叶える！
『ホリスティックライフビジョンカレッジ』HP
https://holistic-life-vision24.com/

★佳川奈未インスタグラム
https://www.instagram.com/yoshikawanami24/

★佳川奈未　公式オフィシャルブログ（アメブロ）
https://ameblo.jp/miracle-happy-ny24/

幸運を呼び込む☆「座敷わらし」の置きみやげ♪

2024年7月17日　第1刷発行

著　者　佳川　奈未
発行者　唐津　隆
発行所　株式会社ビジネス社
〒162－0805　東京都新宿区矢来町114番地　神楽坂高橋ビル5F
電話　03－5227－1602　FAX 03－5227－1603
URL　https://www.business-sha.co.jp/

〈カバーデザイン〉大谷昌稔
〈本文DTP〉茂呂田　剛（エムアンドケイ）
〈印刷・製本〉モリモト印刷株式会社
〈編集担当〉船井かおり　〈営業担当〉山口健志

ISBN978-4-8284-2646-4